Heinrich Preschers

Mannheimer Schaubühne, der Hochzeitstag ein Schauspiel,

Schaubühne Amtmann Graumann

oder die Begebeheiten auf dem Marsch (Band 1)

Heinrich Preschers

Mannheimer Schaubühne, der Hochzeitstag ein Schauspiel, Schaubühne Amtmann Graumann
oder die Begebeheiten auf dem Marsch (Band 1)

ISBN/EAN: 9783743603844

Hergestellt in Europa, USA, Kanada, Australien, Japan

Cover: Foto ©ninafisch / pixelio.de

Weitere Bücher finden Sie auf **www.hansebooks.com**

Mannheimer Schaubühne.

Erster Band.

Mit allerhöchstem kaiserlichen und höchstem
kuhrfürstlich-pfälzischen Privilegium.

Mannheim 1781.
Im Verlage der Herausgeber der ausländischen
schönen Geister.

Karl Theodor

dem

erhabenen Stifter

der

Mannheimer Schaubühne

gewiedmet.

Vorbericht.

Originalschauspiele zeichnen die merkwürdigsten Züge in dem Karakter der Nationen. Dem Menschenforscher, dem philosophischen Staatsmann, jedem denkenden Kopfe liegt oft nicht wenig daran, Schauspiele der Ausländer mit allen ihren theatralischen und sittlichen Unvollkommenheiten zu lesen. Dieses ist die Ursache, warum hier einige Stücke von Fielding ohne Aenderung sind gedruckt worden.

Damit jedoch das bey der Ankündigung dieser Schaubühne gemachte Versprechen erfüllt werde, die Schauspiele so wie sie hier vorgestellt werden, zu liefern: so wird hiemit angezeigt, daß bey der Vorstel-

stellung gemeldter Stücke, ohne einige andere Veränderung, blos die bey uns anstößigen Stellen ausgelassen werden.

So frey dergleichen Wörter, *) Ausdrücke, und Scenen auf die englische Bühne gebracht werden, so weit wir Deutsche auch von dieser Freiheit entfernet sind, so wünschte ich doch, daß man bey uns noch weit strenger seyn möchte, als man es bisher gewesen ist. Ich berufe

---

*) Die Wörter: Unzucht, Hure, Bordel, Hörner ꝛc. werden mit verschiednen Ausdrücken bey der Vorstellung weggelassen; zu Zeiten werden auch kleine Stellen ausgemustert. In den Briefschreibern wird der zweite Auftritt des zweiten Aufzuges ganz ausgelassen, und die Rollen der Menscher kommen gar nicht auf die Bühne.

rufe mich auf das, was ich hievon schon einigemal öffentlich gesagt habe, und weitläufiger im Jahrbuch der Mannheimer Schaubühne, wovon der erste Band gegen Ende dieses Jahrs erscheinen wird, sagen werde.

Professor Klein.

I.

Der Hochzeitstag.

II.

Amtmann Graumann.

III.

Fürst Hanno aus Norden.

Der

Hochzeitstag

Ein Schauspiel

von

Heinrich Fielding, Esq.

Mannheim 1781.

Personen.

Männer.

Tausendlieb.

Herzstark.

Standhaft.

Der alte Wandel.

Der junge Wandel.

Beutelpresser.

Starrkopf.

Doktor Crisis.

Frauenzimmer.

Klarinda.

Charlotte.

Nützlich.

Intrigue.

Lucina.

Der Hochzeitstag.

Erster Aufzug.

Erster Auftritt.

Tausendlieb's Wohnung.

(Starrkopf schläft auf einem Stuhl. Tausendlieb ruft dem Starrkopf verschiedenemale, außer der Scene.

Tausendlieb.

Du unverbesserlicher Schurke, schämst du dich nicht am hellen Tage zu schlafen? Glaubst du, du seyst in Spanien, du Schlingel, daß du dich so regelmäßig schlafen legst, wenn andre Leute zu Tische gehen.

Starrkopf. (erwachend) In Wahrheit, Herr, mich deucht, wer mit der Eule wacht, sollte auch mit ihr ruhen. Spanien! Nach meiner Lebensart, die ich zu führen gezwungen bin, sollte ich bey den Gegenfüßlern leben. - Ich sehe gar nicht ein, warum die nemliche Glocke, die andern zum Mittagessen läutet, nicht auch mir zum Schlafe läuten sollte; denn dem Himmel und Ew. Gnaden sey's gedankt, Schlaf ist das einzige Mittagessen, das ich seit zwey Tagen bekommen habe.

Tausendlieb. Stille mit deinen Unverschämtheiten; mach alles fertig zum Ankleiden.

Starrkopf. Was für ein Kleid wollen Ew. Gnaden heute anlegen?

Tausendlieb. Das blaue mit Silber; oder, warte; — das braune mit Gold. Komm zurück, hole mir das schwarze, das schickt sich am besten für meine gegenwärtigen Umstände.

Starrkopf. Ich denke das besetzte Kleid schickte sich am besten für ihre Umstände. Die meisten Herren in Ew. Gnaden Umständen tragen besetzte Kleider.

Tau-

Der Hochzeitstag.

Tausendlieb. Horch, Schlingel, ich habe dich oft vor dergleichen Gemeinschaft gewarnet. Entweder laß deinen Witz, oder verlaß deinen Herrn.

Starrkopf. (bey seite) Das ist wahr, wenn ich den geringsten Witz hätte, so wäre ich lange nicht mehr bey ihnen. Kein kluger Bedienter wird bey einem Herrn bleiben, der sein Vermögen durchgebracht hat.

Tausendlieb. Bringe mir das besetzte Kleid, geschwinde. Gemeinschaft ist eine Art Interesse, die alle Bediente von einem Herrn fordern, der in Schulden steckt. Sey einem Freund was schuldig, so machst du ihn gewiß zu deinem Feind; eben so ist's: geräth man bey seinem Bedienten in die Schuld, so macht man ihn gewiß zu seinem Freund.

Zweyter Auftritt.

Mad. Nützlich. Die Vorigen.

Starrkopf (führt die Madame Nützlich herein) Sind Ew. Gnaden zu Hause? Hier ist die Madame Nützlich.

Der Hochzeitstag.

Tausendlieb. Du weißt, Halunke, daß ich für meinen Freund, für meine Gebieterinn, und für meine Kuplerinn immer zu Hause bin.

Mad. Nützlich. He! zum Henker! muß ich vor der Thüre warten, bis Ew. Gnaden überlegt haben, ob sie mich vorlassen wollen oder nicht? Halten sie mich für einen Mahner oder für eine Bettlerinn? Bin ich ein Kaufmann mit seiner Rechnung, oder ein Dichter mit seiner Zueignungsschrift?

Tausendlieb. (zu Startkopf) Siehst du, was deine dumme Fehler veranlassen? — Kommen sie, meine erzürnte Schöne, verbannen sie den Zorn von ihrer Stirne; es war nicht mein, sondern meines Bedienten Fehler.

Mad. Nützlich. Mich, die ich zugelassen werde, wo eine arme vornehme Frau abgewiesen wird!

Tausendlieb. Das weis ich, du bist den Weibern nach der Mode eben so werth, als ihre Schooßhündchen, oder den Männern ihre Schalksnarren.

Mad. Nützlich. Eine sehr höfliche Vergleichung.

Der Hochzeitstag.

Tausendlieb. Du bist der Venus erster Minister, der erste Bevollmächtigte in Liebesangelegenheiten, dein Haus ist die edle Scene der Zusammenkunft beyder Geschlechter. Du hast mehr zusammengekuppelt, als das Ehegericht geschieden hat. Du hast mehr ohne Dispensation miteinander zu Bette geschickt, als irgend ein versoffener Pfarrer ums Geld.

Mad. Nüßlich. Ich wünschte doch, ich hätte ein gewisses Paar daran verhindern können, die die Dispensation hatten.

Tausendlieb. Was, ist vielleicht irgend eine merkwürdige Metze rebellisch gegen deine Gewalt geworden, oder hat sich unter Hymens Fahnen anwerben lassen? Kränke dich nicht über deinen Verlust — Ich wette mein Leben gegen einen Heller, sie kehrt wieder zu ihrer Pflicht zurück. Huren ist wie die mathematischen Wissenschaften, wer einmal zu ihren Geheimnissen eingeweihet worden ist, verläßt sie nie.

Mad. Nüßlich. Vielleicht wird dieses ihre Lustigkeit etliche Töne tiefer herabstimmen.
(giebt ihm einen Brief)

Tausendlieb. Ich hoffe doch nicht, daß du etwas mit den Rechten zu schaffen hast; ich weiß von keinen Briefen die mich beunruhigen könnten, es müßte denn von einem Notarius seyn. (er eröfnet den Brief) Ha! standhaft! Ich kenne die Hand, aber nicht den Namen. (liest)

„Nach ihrer Aufführung gegen mich, wäre
„ich wohl eben nicht verbunden, ihnen weiter
„Rechenschaft von meinen Handlungen zu geben:
„da aber dieses die letzten Zeilen sind, die sie je
„von mir lesen werden, so überwinde ich mich
„endlich noch, ihnen zu sagen, daß mich ihre
„Lebensart zu dem Entschluß gebracht hat, jeden
„Haven für einen Rettungsort anzusehen, der
„mich vor der Gefahr schützet, der ich durch sie
„ausgesetzt gewesen bin: dem zufolge habe ich
„diesen Morgen meine Hand einem Manne ge-
„geben, dessen Vermögen und aufrichtige Zu-
„neigung mit der Zeit diejenige Liebe in meinem
„Herzen hervorbringen werden, welche ihre
„Handlungen gänzlich — gänzlich — (ruft voll
„Unmuths unterm Lesen aus) Das ist ein verdamm-
„tes schweres Wort! (liest weiter) „gänzlich
„ausgewurzelt haben, und wie ich alle Ursache

„zu

Der Hochzeitstag.

„zu hoffen habe, mich glücklich machen wer„den."

„Clorinda Standhaft."

Mad. Nützlich. Was denken sie itzt?

Tausendlieb. Was ich denke? Hm, daß ich der unglücklichste Mensch bin, und daß ich das reitzendste Frauenzimmer verloren habe.

Mad. Nützlich. Ich warnte sie immer, und sagte, wo es hinaus laufen würde. Es ist doch wahr, was die Geistlichen uns sagen, wir kennen nie den Werth einer Glückseligkeit, als bis wir sie verloren haben.

Tausendlieb. Wahr, wahrhaftig alles wahr! bis diesen Augenblick kannte ich nie den Werth der Clorinda — (er liest wieder) hm! hm! „meine Hand einem Manne gegeben, des„sen Vermögen und aufrichtige Zuneigung," dabey soll ich abnehmen, daß mein Nebenbuhler ein alter reicher Kauz sey; alt und reich sind zwey vortrefliche Eigenschaften für einen Ehemann und Hahnrey; wie man es wünschen könnte.

Mad. Nützlich. Ich werde getreulich hinterbringen, mit welcher Philosophie sie diese Nachricht aufgenommen haben.

Der Hochzeitstag.

Tausendlieb. Oh! wenn du ihr die Hälfte meiner Zärtlichkeit oder meines Schmerzens sagen wolltest, du müßtest eine ganz neue Sprache erfinden.

Mad. Nützlich. Ja, ja, am besten ist wohl, sie nehmen Dinte und Feder, und sagen es selbst.

Tausendlieb. Ich möchte es lieber deiner Redekunst anvertrauen: das Papier wird gewiß nicht mehr überbringen, als was ich darauf setze, aber du —

Mad. Nützlich. Wenn ich was hinzu füge, so wird es nicht zu ihrem Vortheil seyn.

Tausendlieb. Dir darf ich trauen. Du liebst den Spaß zu sehr, als daß du ihn verderben solltest.

Mad. Nützlich. Es ist doch seltsam, daß ein Liebhaber seiner Geliebten Brief nicht beantworten will.

Tausendlieb. O! niemand schreibt schlechter, als ein wirklicher Liebhaber. Die Liebe wie die Ehrlichkeit zeigt sich überhaupt in dem Heuchler am schönsten. Schildern wir die Seele
oder

Der Hochzeitstag.

oder das Gesicht, so springt die Kunst gemeiniglich über die Natur hinaus.

Mad. Nützlich. Aber das ist alles eine kalte Vernunft. Ich erwartete nichts, als Fluchen, Drohen, Seufzen, Klagen, Rasen und dergleichen.

Tausendlieb. Da irren sie sich. Heyrathet meine Geliebte, so mach' ich's, als wenn mir ein Freund stirbt: ich thue mein möglichstes es zu verhindern. Wenn aber das Schicksal es so haben will. —

Mad. Nützlich. O, sie sind ein böser Mann, sie wissen, es war in ihrer Macht es zu verhindern.

Tausendlieb. Ja, meine Theure! allein ich kann mich eben so wenig entschliessen, der Einen meine Freyheit, als dem andern mein Leben aufzuopfern; wenn aber nichts als meine Heyrath oder mein Tod sie retten kann, so werde ich lieber in statu quo bleiben, die Folge sey wie sie wolle.

(es wird geklopft.)

Starrkopf Hier ist eine Dame, ich weiß nicht, ob sie unter eine von den Rubriken gehört,

hört, die Ew. Gnaden wollen herein gelassen haben.

Tausendlieb. Halunke, laß alle Damen ohne Unterschied herein.

Mad. Nützlich. Ich will den Augenblick gehen.

Tausendlieb. Warum das?

Mad. Nützlich. O ich möchte um der Weltwillen nicht bei ihnen gesehen werden.

Tausendlieb. Vermuthlich aus zärtlicher Achtung für meinen guten Ruf. Aber der ist bey ihnen sicher genug: und ihr guter Name ist bey einem jeden sicher. Der gute Ruf wie die Kinderblattern, macht uns in unserm Leben nur einmal Schmerzen. Wenn wir die letzten gehabt, und den ersten verloren haben, so kann man sich allenthalben sicher hinwagen.

Dritter Auftritt.

Madame Intrigue, Die Vorigen.

Tausendlieb. Ha!

Mad. Intrigue. Sie scheinen bestürzt, mein Herr, vielleicht erwarteten sie diesen Besuch nicht; doch, wie ich sehe, ist es für sie eben

Der Hochzeitstag.

eben nichts ungewöhnliches, Besuche von Frauenzimmern anzunehmen.

Mad. Nützlich. Nein, Madame, mein Vetter Tausendlieb ist beym Frauenzimmer sehr glücklich.

Tausendlieb. (zu der Mad. Intrigue) Liebe Baaße Intrigue, ich glaube, sie kennen diese unsre Anverwandtin noch nicht; erlauben sie mir, sie mit einander bekannt zu machen. Baaße Nützlich, dieß ist meine Baaße Intrigue; Baaße Intrigue, dieß ist meine Baaße Nützlich (die Damen grüssen und küssen sich) Wohlan, Verwandten sollten nie mit trockenen Lippen zusammen kommen. Hier Starrkopf, bring' eine Flasche Liqueur.

Beide Damen. Nicht einen Tropfen für mich.

Tausendlieb. Ey, ey! das wird ihnen nichts schaden. Nun, liebe Baaße, wie hinterliessen sie denn alle unsre Verwandten in dem nördlichen Theil von Engelland? Bringen sie mir keine Briefe?

Mad.

Mad. Intrigue. Nur einen, Vetter.

Mad. Nützlich. (bei Seite) Vetter, dieß ist gewiß eine von meinen Schwestern, aus meinem Orden; mein Leben wett' ich drauf, wir haben einerley Gewerbe.

Tausendlieb. (zum Starrkopf der die Flasche bringt) Schlingel, schenk ein für die Damen, hörst du? (er nimmt einen Brief von der Mad. Intrigue den er öfnet und ließt.)

Mein Herr!

„Nach so vielen Gelübden und Betheu-
„rungen würde mich die Falschheit eines jeden
„andern bestürzen, nur die ihrige nicht, denn
„sie sind der schlechteste Kerl von der Welt.
„ich weis seit langer Zeit, daß sie keine einzige
„Tugend in ihrer Seele haben, daß sie aus
„allem was schlecht ist, zusammengesetzt sind,
„daß sie der grösseste Tyrann und der meyn-
„eidigste Lumpenkerl unter der Sonne sind,
„von einem solchen kann ich nichts anders er-
„warten. Wenn sie nicht dieses und noch zehnmal
„schlimmeres verdienen, so eilen sie sich zu
„entschuldigen bei der sehr beleidigten

Lucinia."

Mad.

Der Hochzeitstag. 13

Mad. Intrigue. Was schreibt meine Muhme?

Tausendlieb. Sie erkundigt sich nach meiner Gesundheit, klagt über mein Stillschweigen. Es ist kein Geheimniß darinnen. Ich will es ihnen zum Zeitvertreibe vorlesen.

Mad. Intrigue. Um des Himmelswillen entdecken sie doch nicht die Geheimniße unsrer Familie.

Tausendlieb. (liest) Mein theurer Neffe, „ich glaube es sey unmöglich für einen so fei„nen Herrn, mitten in dem Strudel von beau „monde, an eine alte Muhme in Northum„berland zu denken; doch hätten sie bisweil„len Gelegenheit finden können, mir auch wis„sen zu lassen, wie es in der Welt hergeht." — Ba! ba! ich mag nicht weiter lesen. Unsre Landesverwandten glauben, daß ihre Freunde in der Stadt verbunden sind, sie beständig mit neuem Stoff für das Lästern bey ihrem Theetisch zu versehen. Hat denn die alte Frau keine weibliche Bekannten? — Die würden ja eben so viel Vergnügen finden, Verläumdungen zu schreiben, als meine Muhme hat, sie zu lesen. Ich will mich nie um anderer Leute Geschäfte bekümmern, bis ich meine eigne abwarten kann, noch um die Sünden andrer, bis ich meine eigne abgelegt habe,

Mad. Nützlich. Das wird wohl vor dem jüngsten Tag nicht geschehen.

Tausendlieb. Nein, so lange ich das nemliche Herz habe, mich zur Sünde zu versuchen, und die nemlichen Kräfte es auszuhalten. Die Sünden sind gleich den Hofbedienungen, wir verlassen sie selten eher, bis wir sie nicht länger behalten können.

Mad. Nützlich. Ja, ganz recht, wie Hofbedienungen behaltet ihr sie oft so lange, bis ihr euer Amt nit̃t mehr verrichten könnt. (tritt bei seite)

Mad. Intrigue. Sie werden doch meiner Muhme Brief beantworten.

Tausendlieb. Nein, ich nicht. Ihrer Muhme Brief soll sich selbst beantworten. Schicken sie ihn der alten Frau wieder zurück, und schreiben sie auf der andern Seite mein Kompliment.

Mad. Nützlich. Er hat ihr gewiß sein Kom-

Der Hochzeitstag.

Kompliment schon gemacht, oder ich muß mich sehr irren. (bei seite)

Vierter Auftritt.

Starrkopf. Die Vorigen.

Starrkopf. Ew. Gnaden, Ew. Gnaden!

Tausendlieb. Was giebts? wieder eine Baaße? Du sollst wissen, Schlingel, daß ich heute Morgen für keine weibliche Verwandten mehr zu Hause bin.

Starrkopf. Ew. Gnaden, Herr Herzstärk ist drunten.

Tausendlieb. Ersuch' ihn herauf zu kommen.

Mad. Intrigue. Sind sie denn entschlossen den Brief nicht zu beantworten?

Tausendlieb. Ganz fest entschlossen. Sagen sie der rasenden Schönen, sie hätte eine doppelte Eroberung gemacht; ihre Schönheit hatte sich meiner Vernunft bemeistert, und jetzt hat ihr Zorn meine Liebe überwunden. Machen sie ihr mein unterthäniges Kompliment, und wenn sie wieder zu sich selbst käme, so würde ich auch wieder zu mir selbst kommen.

Mad.

Mad. Intrigue. Du sollst deinen Stolz bereuen, ich versichere dich.

(geht ab)

Tausendlieb. Das heißt eine abgefertigt; jetzt zu meiner andern Frau Baaße.

Fünfter Auftritt.

Mad. Nützlich. Tausendlieb.

Tausendlieb. Vermelden sie der nunmehrigen Madam Standhaft meine vollkommene Hochachtung. Sagen sie ihr, daß da sie nun einem andern gehöre, so wollte ich mich bemühen, die liebenswürdige Idee auszulöschen, die Klorinda in meiner Seele gemacht hätte. Ich will für ihre Glückseligkeit beten, aber lieben darf ich sie nicht mehr.

Mad. Nützlich. Ist das alles?

Tausendlieb. Sie können ihr auch dieß wieder bringen — sagen sie, ich wollte nichts behalten, das mich an sie erinnern könnte — und auch diesen Kuß, den ich ihr durch sie schicke, soll das letzte Zeichen seyn, das sie zur Erinnerung meiner bekommen wird.

Mad.

Der Hochzeitstag.

Mad. Nützlich. O, sie sind ein Barbar! Gesetzt aber, ich könnte für sie beide eine Zusammenkunft veranstalten; gesetzt, ich könnte sie heute diesen Tag in ihr eigenes Haus führen; gesetzt

Tausendlieb. Gesetzt! O! du theures Geschöpfe! gesetzt, ich gäbe dir Welten, dich zu belohnen!

Mad. Nützlich. Gut, gut, ich will auch setzen, daß sie ein Mann von Ehre sind, und — vieles kann noch gethan werden. Seyn sie nur bei der Hand!

(geht ab)

Tausendlieb. So fertigen Leute von Geschäften ihre Klienten ab. In weiblichen Angelegenheiten wird es wohl wenige geben, die mehr zu thun haben, als ich. Der Groß-Sultan ist nur ein kleiner Prinz, in der Liebe gegen mich verglichen; doch ich habe zwar meine Unruhe vor diesem Weibe verborgen, aber Klarinda liegt tiefer in meinem Herzen, als ich es wünsche. Ich fühle bei diesem lieben, diesem werthen Namen etwas, das ich bei keinem andern Frauenzimmer fühlen kann. Der bloße Gedan-

B ke

te, sie in den Armen eines andern zu sehen, durchbohrt meine Seele.

Sechster Auftritt.

Tausendlieb. Herzstärk.

Herzstärk. He, ist ihr Morgenbesuch abgefertigt? Auf der Stiege sind mir eben so viele verjährte Huren begegnet, wie einem verjährte Höflinge beym Besuch eines Staatsmanns begegnen und mit eben so jämmerlichen Gesichtern. Du hast ihnen gewiß nicht geholfen?

Tausendlieb. Das ist immer der Fall, mein lieber Jakob, wo es viele Klienten giebt. Der Liebhaber kann eben so wenig, wie der Staatsmann, einem jeden helfen.

Herzstärk. Du hilfst gewiß so vielen wie irgend Jemand in der Stadt.

Tausendlieb. Ich glaube, daß Niemand mehr die Süßigkeiten der Liebe schmeckt, als ich —

Herzstärk. Niemand mehr ihre Bitterkeiten, als ich — O! Tausendlieb, ich bin der unglücklichste von allen Menschen — Ich habe die Gebieterin meiner Seele verloren. —

Tau-

Der Hochzeitstag.

Tausendlieb. So — und ich habe zwei Gebieterinnen meiner Seele verloren.

Herzstärk. Das Mädchen, das ich aufs äusserste liebe, soll heute an einen andern verheyrathet werden.

Tausendlieb. Ein Aufschub, ein Aufschub, in Vergleichung mit mir! Das Mädchen, das ich aufs äusserste liebe, ist diesen Morgen an einen andern verheyrathet worden.

Herzstärk. Du weißt nicht was zärtlich lieben ist.

Tausendlieb. Nein, das ist meine Sache nicht, so sehr zärtlich — nicht ohne viele Zurückhaltung. Das ist der Unterschied zwischen uns. Sie, Herzstärk, haben in allem Zurückhaltung, nur in der Liebe nicht; und ich habe in sonst nichts Zurückhaltung. Mein Herz ist ein wahres engländisches Herz: es kennet eben so wenig die Hitze des Equators als die Kälte des Nordpols. Die Liebe ernährt es immer wie die Sonne unser Klima, mit einer mäßigen Wärme. Schönheiten auf Schönheiten entstehen in dem andern.

Herzstärk. Kanst du denn keinen Augenblick ernsthaft seyn?

Tausendlieb. Wenn ich deine Gemüthsart nicht kennte, so würde ich's bei diesem Gegenstande seyn.

Herzstärk. Der Verlust einer Geliebten mag dir freylich gering scheinen, dir, der du tausend verloren hast.

Tausendlieb. Hol mich der Teufel, wenn das wahr ist — Ich habe es allezeit leichter gefunden, Geliebte zu erhalten, als sie zu verlieren. Die Frauenzimmer, mein lieber Herzstärk, wären doch allerliebste Dinger, wenn wir sie, wie unsre Kleider, weglegen könnten, wenn wir ihrer müde sind; denn gerade, wie der Kleider, werden wir ihrer oft müde, ehe sie abgetragen sind. Aber der Fluch liegt ewig auf der Vielheit der Liebeshändel, daß wir zuweilen die ganze Garderobe mit einmal auf dem Pudel tragen müssen.

Herzstärk. Meine Liebe, Freund, leidet keinen Spaß.

Tausendlieb. Das thut mir leid. Der Spaß ist eine Art von Probierstein für unsre Leidenschaften; halten sie den nicht aus, so sind sie in der That gefährlich. Ich will also Nachsicht

Der Hochzeitstag.

sicht mit deiner Schwäche haben, und um deinetwillen ernsthaft bey einer Sache seyn, bei der ich für mich selbst es nie seyn konnte. Freund, so öfne deine Wunde, ich will dir den besten Rath geben, den ich weiß.

Herzstärk. Ich kenne deine Gemüthsart recht gut, Tausendlieb, und ich weiß, wie viel ich dir für diese Gefälligkeit schuldig bin. Aber mein Fall fordert mehr dein Mitleiden, als deinen Rath; denn das letzte Wort, das mir meine Geliebte sagte, war, daß sie mich unter allen Menschen am meisten haßte.

Tausendlieb. Hm! mich deucht, dein Fall erfordre weder Mitleiden noch Rath.

Herzstärk. Allein, dies ist nicht das schrecklichste, Die Zeit könnte vielleicht ihre Neigungen noch ändern.

Tausendlieb. Schwerlich; wenn sie so heftig sind.

Herzstärk. Und ich nehme ihre Heftigkeit für die Ursache ihrer Veränderung: doch ich habe aus Erfahrung noch einen bessern Grund; denn sie hat mir vormals gesagt, daß sie mich unter allen Menschen am meisten liebte.

Tau,

Tausendlieb. Und was hat sie denn zu dieser großen Veränderung bewogen?

Herzstärk. O! ich biete aller Philosophie Trotz, von einer einzigen ihrer Handlungen die Bewegursache zu finden. Weit leichter könnte man alle Phänomenen der Natur auflösen. Alles was man von ihren gegenwärtigen Gedanken auf ihre künftige schließen kann, ist, daß sie das ganz gewiß morgen widersprechen wird, was sie heute gesagt hat.

Tausendlieb. So, daß wenn sie sich heute ihrem Mitwerber versprochen hat, so können sie sicher darauf rechnen, daß sie ihm morgen den Korb geben wird?

Herzstärk. Und dann hat sie einen Vater, dessen Entschluß so unbeweglich ist, wie das Schicksal; dieser hat mir eben so förmlich, wie seine Tochter den Abschlag gegeben, und besteht darauf, sie heute an einen andern zu verheyrathen.

Tausendlieb. Vermuthlich aus dem alten Grund, weil er reicher ist.

Herzstärk. Nein, auf mein Wort nicht; sondern weil er noch lüderlicher ist, als ich bin.

Der Hochzeitstag.

bin. Kurz, er hält es für einen ausgemachten Grundsatz, daß jeder Mensch zu einer oder der andern Zeit seines Lebens wild ist, und deswegen entschloß er sich seine Tochter nie zu verheyrathen, bis er nicht den Mann gefunden, der diesen Zeitpunkt schon überschritten hätte. Endlich hat das gute Gestirn des jungen Frauenzimmers und seine große Weisheit ihn dahin gebracht den jungen Herrn Wandel zu wählen.

Tausendlieb. Was, unsern Wandel!

Herzstärk. Eben den — wiewohl ich Ursache habe zu glauben, daß sie ihn eben so sehr als mich, verabscheuet. Es ist noch ein andrer da, mein werther Tausendlieb, der mich aus ihrem Herzen vertrieben hat; diesen habe ich noch nicht entdecken können. Zu dieser Heirath wird sie durch ihren Vater gezwungen.

Tausendlieb. Sie kennen also den Mann nicht, den sie liebt; sie haben nur ihren Ehemann entdeckt.

Herzstärk. Zehn tausend Schrecken sind in dem Namen.

Tausendlieb. Hm! — für den Ehemann mag's wohl seyn; für dich nicht. Wenn du

aber

aber nichts weiter wünschest, als die Person deiner Geliebten zu besitzen, so sehe ich gar nicht, wie dich diese Heyrath im geringsten daran verhindern sollte. Was die ersten Gunstbezeugungen anbetrift, über die würde ich mich eben nicht viel bekümmern.

Herzstärk. O! scherzen sie nicht. Der Aufschub einer Stunde, einer Minute, eines Augenblicks kann mich zum elendesten Menschen machen. Könnte ich sie nur noch vor ihrer Heyrath sprechen, vielleicht würde sie sich in meine Arme werfen, um dem Zwang ihres Vaters zu entgehen. Doch er beharret darauf, sie soll mit ihm an dem nemlichen Tag verehlichet werden, und er hat diesen Morgen die zweyte Frau genommen. — O! Tausendlieb; du hast eine lebhafte Einbildungskraft. Um deines Freundes willen, bringe sie in Bewegung, denn beym Himmel! ich werde nie glücklich seyn, als in Miß Standhaft's Armen.

Tauendlieb. Miß Standhaft? und ihr Vater diesen Morgen verheyrathet? — O! mein Freund, wenn ich nicht etwas erfinde, das

dir

Der Hochzeitstag.

dir aus der Noth hilft, will ich nie in den Ar=
men der Madame Standhaft glücklich seyn!

Herzstärk. Was verstehen sie dadurch?

Tausendlieb. Es ist eben so fest beschlos=
sen, als ihres Schwiegervaters höchst bestimm=
ter Wille, daß er durch ihren gehorsamen Die=
ner zum Hahnrey gemacht werden soll. Nur Muth
gefaßt, der Teufel müßte mit im Spiele seyn,
wenn er uns beiden auf einen Tag unsre Ge=
liebten rauben sollte. Meine hat er schon —
und wohl mag sie ihm bekommen!

Herzstärk. Ist es möglich!

Tausendlieb. Ja, gewiß. Dieser dein
anzuhoffender Schwiegervater, und der es auch
werden soll, hat mich im Wettlauf übertrof=
fen und ist vor mir ans Ziel gelangt.

Herzstärk. Sie sind glücklich, Tausend=
lieb, sie können bei dem Verlust ihrer Gelieb=
ten so ruhig seyn?

Tausendlieb. Ja, und meine Geliebte,
die ich, wie sie wissen, so oft zum Himmel er=
hoben, von der ich so zärtlich gesprochen habe —
ja bei dem Verlust meiner Clarinda.

Herzſtärk. Ey zum Teufel! war die Miß Liebwerth ihre Clarinda?

Tauſendlieb. Ja, mein Freund, Miß Liebwerth, jetzt Madame Standhaft war meine Clarinda, und iſt meine Clarinda. — und Miß Standhaft ſoll die Ihrige ſeyn.

Herzſtärk. Halten ſie nur da ihr Wort, Tauſendlieb.

Tauſendlieb. Höre, Herzſtärk, wenn ſie Luſt hat, ſie zu ſehen, ſo will ich ein Werkzeug kommen laſſen, das trotz allen Vätern in Europa ſie zu ihr bringen ſoll.

Herzſtärk. Aber die Zeit —

Tauſendlieb. Kommen ſie herein, während ich mich ankleide, ſoll mein Kerl Starrkopf das Werkzeug holen. Kommen ſie; nicht betrübt; nicht niedergeſchlagen, wir ſind allen noch überlegen, trauen ſie mir.

Herzſtärk. Inzwiſchen kann jeder Augenblick der verfluchte Zeitpunkt meines Unglücks ſeyn! Vielleicht wird ſie eben jetzt verheyrathet.

Tauſendlieb. Man kann ihre Neigung doch nicht verheyrathen, und wie ich ſelbſt von dir gehört habe, ſo beſitzt deine Geliebte Witz und

Schön-

Schönheit; verlaß dich darauf, diese Eigenschaften werden sich nie in den Armen eines Mannes einsperren lassen, den sie nicht liebt. Verfolge sie nur, sie muß fallen. Die Anständigkeit wird sie wohl ein oder ein Paar Honigmonate bewahren, aber auf die letzt wird sie doch die Deinige. Glaube nie, wenn eine berühmte Schönheit verheyrathet wird, daß sie auf ewig gestorben sey. Nein, sie legt sich in ihr:s Ehemanns Bette, wie Dichter die Sonne in das Bette der Thetis legen, um sich eine Weile unsern Augen zu entziehen, und dann wieder aufzugehen, und über die ganze Welt zu scheinen.

Zweiter Aufzug.

Erster Auftritt.

(Lucina's Wohnung.)

Lucina und Madame Intrigue.

Lucina. Schrecklich! mir meinen Brief zurück zu schicken! Wars nicht Falschheit genug, muste er mich auch noch beschimpfen? O! daß ewige Furien ihn verfolgen! mögen alle Greuel
der

der Verzweiflung sein Verbrechen begleiten! möge er so elend werden, daß die Hölle selbst über die Rache ermüdete!

Mad. Intrigue. Und mögen sie so glücklich seyn, weiter nichts mit ihm zu thun zu haben, oder mögen sie vielmehr so weise seyn, es nicht zu begehren!

Lucina. Es ist gewiß nicht möglich; er konnte so niederträchtig nicht seyn. Sie haben ihm meinen Brief nicht überbracht. — Er, der so oft Beständigkeit geschworen. —

Mad. Intrigue. Ha! ha! ha! Schwüre der Beständigkeit! Kann denn ein Mädchen, das achtzehn Jahr alt ist, noch an dergleichen glauben? Schwüre in der Liebe haben eben die Bedeutung, wie Komplimenten in Gesellschaft; es ist eben so lächerlich dem Manne zu glauben, der uns ewige Beständigkeit schwört, als dem, der uns versichert, er sey unser unterthänigster, gehorsamster Diener.

Lucina. O! Intrigue, hätte ich dich nur ehe gekannt! hätte ich nur eine Freundinn wie du bist, gehabt, die mein unerfahrnes Herz

Der Hochzeitstag.

wider die gottlosen Ränke dieses betrügerischen Mannes hätte bewafnen können. —

Mad. Intrigue. Sie würden doch meinem Rath nicht gefolgt haben; denn sie haben es seit unserer Bekanntschaft nicht gethan. Wäre wohl Jemand im Stande gewesen, sie gegen den schwörenden, sterbenden Liebhaber zu bewafnen, der täglich entzückende Zärtlichkeiten zu ihren Füßen ausathmete, da es ihnen itzt noch nicht möglich ist, sich von ihm los zu winden, ungeachtet er seine Falschheit entdecket hat.

Lucina. O! ich habe es bis itzt nie glauben können; ich wartete ein ganzes Jahr hindurch auf seine Zurückkunft nach Paris: ich befürchtete zwar seine Falschheit, aber es blieb mir doch noch immer Hofnung seiner Treue übrig.

Mad. Intrigue. Wir sind immer sehr geneigt, das zu glauben, was wir wünschen. Konnte denn ein Mädchen noch Ursache haben die Zurückkehr ihres Liebhabers zu erwarten, nachdem schon ein Monat über die Zeit seines Versprechens verlossen war? Wäre es seine Absicht gewesen, sie zur Frau zu nehmen, so hätte er

es

es vor seiner Abreise gethan. Das Heyrathen erfordert, wie der Selbstmord eine unmittelbare Entschließung: wer lange überlegt, wird nie eines von beyden vollbringen.

Lucina. O! Intrigue, du bist recht in den Ränken der Männer bewandert; mich wundert, wie du hast betrogen werden können.

Mad. Intrigue. Ja, Madame, ich habe für meine Kenntniß bezahlt. Der Mann ist jene verbotene Frucht, deren Kenntniß ich mir durch Verbrechen erkaufen müssen. Man muß ihn kosten, um ihn zu kennen, und in dem Kosten ist gewisser Gift. Schiene der Mann so, wie er wirklich ist, so würden wir ihn fliehen, wie eine stürmische See; oder wäre er das, was er zu seyn scheinet, so wären wir in ihm glücklich, wie auf stillem, heiterem Meere. Mit dem Gesichte eines Engels leiten sie uns zum Untergange, und wenn die Thüre hinter uns verschlossen ist, spielen sie den Teufel.

Lucina. Ihr Verführer muß ein Bösewicht von ungemeinem Verstande gewesen seyn.

Mad. Intrigue. Die Umstände waren vielmehr ungemein.

Luci-

Der Hochzeitstag.

Lucina. Mich wundert, daß sie während unserer langen Bekanntschaft nichts davon erzählet haben. Sie erwähnten zwar oft ihres Unglücks, allein sie vermieden sorgfältig, den Grund davon zu entdecken.

Mad. Intrigue. Die Erzählung ist mir freylich schmerzhaft; doch um ihre Neugierde zu befriedigen, und um weiterem Dringen von ihrer Seite vorzukommen, will ich ihnen in wenig Worten alles sagen. Vor zwanzig Jahren wurde ich auf meiner Reise nach Paris mit einem jungen Herrn bekannt, der ein Officier von der Armee zu seyn schien. Er leistete uns Gesellschaft bis nach Paris, und nahm seine Wohnung in unserm Hause. Ich war damals jung und unerfahren, nur zu willig den Schmeicheleyen eines Liebhabers Gehör zu geben. Kurz, er bediente sich aller Kunstgriffe um mich von seiner Leidenschaft zu überzeugen: er machte bald Eindruck auf ein Herz, das zu schwach bewafnet war, ihm zu widerstehen — es gelung ihm — und ich war verloren.

Lucina. Ich finde doch in diesen Umständen eben nichts ungemeines, denn mir giengs grade so.

Mad.

Mad. Intrigue. Nachdem wir einen Monat in unsern unglücklichen und nur zu strafbaren Freuden zugebracht, verließ er plötzlich Paris, und seitdem habe ich ihn nie wieder gesehen.

Lucina. Aber kann denn etwas so seltsam seyn, als daß sie nachher zwanzig Jahre in Paris blieben ohne ihn aufsuchen zu lassen?

Mad. Intrigue. Ich erhielte noch in eben dem Jahre die Nachricht, daß er in der Schlacht bey Belgrad erschossen worden sey. Mir aber kommt es weit seltsamer vor, daß, nachdem sie ein Jahr in Paris gewartet haben, sie itzt kommen und nach ihrem Liebhaber herjagen. Denn wenn ein Frauenzimmer nachsetzet, so ist es gerade, als wenn der Haase den Hunden nachsetzet. Eine Jagd, die der Ordnung der Natur zuwider ist, und nie gut aushalten kann. Ein Mädchen kann eben so wenig ihren fliehenden Liebhaber einholen, als einem verfolgenden Liebhaber entfliehen.

Lucina. Gut, ich bin entschlossen ihn zu sprechen. Habe ich auch keinen andern Vortheil davon, so will ich doch das Vergnügen ge-

Der Hochzeitstag.

genießen, meine Beleidigungen in seine Ohren zu donnern.

Mad. Intrigue. Die gewöhnliche Rache einer beleidigten Geliebten! Hätte die gütige Natur uns nicht die Wohlthat angedeihen lassen, daß wir unsern Zorn durch unsre Zunge und unsre Augen auslassen könnten, so würde die Falschheit und Bosheit der Männer die Hälfte unsers Geschlechts ums Leben bringen.

(gehen ab)

Zweyter Auftritt.
(Eine Straße.)

Tausendlieb. Herzstärk. Starrkopf.

Tausendlieb. Glücklich war's, daß sie zu mir kamen; außer dieser Frau, hätte ihnen niemand eine anweisen können, die sich zu ihrer Absicht besser geschickt hätte. Ihr Körper geht kaum durch die Thüre, und doch hat sie Behendigkeit genug, durch ein Schlüsselloch zu schlupfen. Allein diese Behendigkeit müssen wir durch Gold in Bewegung setzen, sonst bleibt sie in der Ruhe.

C   Herz-

Herzstärk. Daran soll's ihr nicht fehlen. Wenn meine Charlotte aufs Spiel steht, so sind mir Reichthum und Leben Kleinigkeiten.

Tausendlieb. Für einen weisen, ernsthaften, vernünftigen Mann bist du doch etwas heftig in deiner Leidenschaft. Ich dachte immer, die Liebe wäre einem nachdenkenden Menschen eben so fremde, als die Religion dem Atheisten.

Herzstärk. Das mag wohl seyn: denn ich glaube, daß oft der Atheiste es eben so aufrichtig meynt, wenn er die Religion verachtet, als der andere, wenn er auf die Mädchen schmäht. Wir haben Beyspiele, daß Leute beydes öffentlich bekannt haben, und doch am Ende knieend vor ihren Altären sind gefunden worden.

Tausendlieb. Das sind zwey Dinge, über deren Theorie ich mir nie den Kopf zerbrechen werde, ich begnüge mich mit der Praktik —

Herzstärk. Mit der Praktik des einen, da wollt ich darauf schwören.

Tausendlieb. So lange ich jung bin, ohne Zweifel, und alt zu werden wünsche ich nicht. Ich sähe gerne, wenn das Feuer des Lebens und der Liebe miteinander auslöschten.

Was

Der Hochzeitstag.

Was ist ein Leben werth, das ohne Vergnügen ist? Und was für Vergnügen giebt es auſſer den Armen einer Geliebten? Alle andre Freuden sind Träume dagegen. Gieb mir das schöne, junge, blühende Mädchen, mit Rosenwangen, funkelnden Augen — gieb mir dieſe, Herzſtärk —

Herzſtärk. Nimm sie, nimm sie, von Herzen gerne. Komm Starrkopf, du mußt mich einen andern Weg führen.

Tausendlieb. Es ist noch zu frühe nach der Madame Nützlich ihrer Bestellung.

Herzſtärk. Das thut nichts — da kommt jemand, dem ich gerne ausweichen möchte.

Tausendlieb. Ha — Ihr Mitwerber. O sie haben keine Urſache auf ihn zu zürnen. Sie sagen mir ja, er sey der Parthie eben so abgeneigt, wie sie: sie werden doch nicht verlangen, daß er aus Gefälligkeit uneigennützig seyn soll.

Herzſtärk. Darum eben möchte ich ihm gerne ausweichen. Ich bin nicht Herr genug über meine Leidenſchaften: auſſerdem kann ich weder lügen, noch unverschämt seyn. Ich kann es nicht ausstehen, wenn so ein Kerl immer mit der Vertraulichkeit dieses Herzogs und jenes Lords pralt, die er nie gesprochen, ja vielleicht nie gesehen hat.

Tausendlieb. Das ist doch eine weit unschuldigere Eitelkeit, als wenn einer sich Gunstbezeugungen von Frauenzimmern rühmt, wenn's gleich wahr ist, wie ich es von einigen gehört habe; diese Eitelkeit schadet dem guten Ruf andrer.

Herzstärk. Und ich dächte, die andre wäre dem guten Namen eben so nachtheilig; denn ich sehe gar nicht ein, warum es einem Frauenzimmer mehr schaden sollte, wenn ein vernünftiger Mann sich groß mit ihr macht, als wenn ein Narr mit der Bekanntschaft eines vernünftigen Mannes pralt.

Tausendlieb. Ba! — du bist in deiner Kritik über das Leben eben so ernsthaft, wie ein einfältiger Kritiker über das Drama. Mir ist es zu Zeiten lieber, wenn ich über ein Fratzenspiel oder über einen Narren lachen kann, als wenn mich das regelmäßigste Schauspiel, oder

die

die Unterredung des vernünftigsten Mannes unterhält.

Herzstärk. Wenn man über Narren lacht, so ficht man gegen sie mit ihren eignen Waffen, und da ist die Parthie nicht gleich: denn ein Narr lacht immer über die, so über ihn lachen, ja es gelingt ihm oft, die Lachenden auf seine Seite zu ziehen, weil es eine unendliche Anzahl Narren in der Welt giebt. Kurz es ist eben so gefährlich, die Narrheit irgendwo lächerlich zu machen, als es in der Türkey ist, wenn man vom Mahomet und seinen Lehrsätzen übel redet.

Dritter Auftritt.

Wandel. Die Vorigen.

Wandel. Nein, bey'm Velten, sie sollen vor mir nicht weglaufen, Herzstärk — der Henter hole ihre Geliebte, ich möchte um aller Menscher in der Stadt willen nicht einen Freund verlieren. — Ba! es giebt dergleichen ja genug— Kannst du meinen Vater von dieser Heyrath abbringen, so gilt mir's gleich, ob der Teufel, oder wer sie hat.

Herzſtärk. Herr, bey eurem Leben rathe ich euch, athmet kein unheiliges Wort gegen ſie.

Wandel. Gut dann, ich wünſche, ſie hätten ſie, oder wäre ſie beym Teufel, mir gilts gleich. Es iſt ſo ſchwer ihnen zu gefallen, ich ſoll das Mädchen gerne haben, und auch nicht gerne haben.

Tauſendlieb. Ja, Wandel, ſie haben Recht; einem eifrigen Liebhaber zu gefallen iſt eben ſo ſchwer, als zwiſchen Scylla und Charibdis zu ſegeln, man fällt immer ins äuſſerſte.

Herzſtärk. Freylich wünſche ich Charlotte nur mir, aber ich kann doch nicht dulden, daß ein andrer ſie verachte.

Tauſendlieb. Still davon. — Wandel, ſind ſie ſo früh ausgefahren, weil ſie früh zu Bette gegangen ſind, oder weil ſie gar nicht im Bette geweſen ſind.

Wandel. Ganz und gar nicht, beym Henker! der Lord Knaller da, ſitzt in alle Ewigkeit auf einem Stuhl.

Tauſendlieb. Wer war mit ihnen.

Wandel. Ich, drey Lords, zwey Baronetts, vier Menſcher und ein Friedensrichter.

Der

Der Hochzeitstag.

Der Richter blieb nicht spät, er mußte um drey Uhr nach Hause gehen, etwas auszuschlafen, um bey der Gerichtssitzung nüchtern zu seyn.

Tausendlieb. Und um Lüderlichkeit und Gottlosigkeit zu bestrafen.

Wandel. Waren sie je in Gesellschaft mit Mylord Putzlustig? — das ist der lustigste Schalk von der Welt — Wir hatten solchen Spaß zwischen ihm und dem Herzog von Pöbelburg — Ha! ha! ha! sagte mir der Herzog — Jakob Wandel, sagte er: ha! ha! ha! was denken sie von Mylord Putzlustig? Ey Mylord Herzog, sagte ich, was ich von Putzlustig denke? Ey, sagte Mylord Herzog wieder, er ist verflucht verliebt in die Myladh Tändel. — Sie kennen Mylady Tändel, Tausendlieb, sie ist eine Spröde, wie sie wissen; und das erinnert mich an das, was Mylord Grabbeler mir letzthin in Whites Kaffeehause sagte —

Herzstärk. Tod und Verdammniß! das ist unausstehlich! Komm Starrkopf.

(ab mit Starrkopf)

Vierter Auftritt.

Wandel. Tausendlieb.

Wandel. White's Kaffeehause — gut, daß ich eben von White's Kaffeehause rede — ich muß mich bey dem Lord Gutland entschuldigen. Er lud mich vor zwey Tagen auf heute zum Mittageſſen ein.

Tauſendlieb. Vor zwey Tagen? — er gieng ja ſchon vor einer Woche aufs Land!

Wandel. So! dann irret ſich der Sir Carl Allweiſe; er überbrachte mir geſtern die Botſchaft. Das iſt doch ſeltſam mit allem dem!

Tauſendlieb. Freylich iſt es ſeltſam; der iſt ſchon ſeit vierzehn Tagen in Schottland.

Wandel. Wie!

Tauſendlieb. So, wie ich ihnen ſage.

Wandel. Da habe ich, bey meiner armen Seele, alles das geträumt — O! aber ich kann ihnen doch Glück wünſchen, ſie wollen ſich ja vermählen.

Tauſendlieb. Wer hat ihnen das geſagt?

Wandel. Hm! — das kann ich mich nicht erinnern. Entweder war es die Herzogin von

Mit-

Der Hochzeitstag.

Mittenmarkt, oder die Lady Plaudertasche, oder die Lady Naffauf — oder —

Tausendlieb. Nein, nein, das träumten sie; ein sicheres Zeichen, daß es nicht geschehen wird.

Wandel. He! wo ist Herzstärk geblieben?

Tausendlieb. Er kan keinen glücklichen Nebenbuhler leiden.

Wandel. Armer Teufel! ich habe herzlich Mit'eid mit ihm. Und mit mir auch; denn ich versichre sie, es thut mir eben so weh, sie zu erhalten, als es ihm thut, sie zu verlieren.

Tausendlieb. Ist denn kein Weg da, ihren alten Vater davon abzubringen?

Wandel. Potz tausend! da kommt er. Versuchen sie's; ich bitte sie. Ich will sie Mylord heißen, das wird ihnen mehr Gewicht in seinen Augen geben; denn er glaubt, ein Lord sey so unfehlbar, wie der Pabst.

Tausendlieb. So, liebt er Titel und Würden?

Wandel. O! ganz ausnehmend! sie müssen wissen, er findet eben beßwegen schon bey dieser Heyrath einen Anstand; ja, ich glaube fast, daß lebt, ihn als einen der artigsten Herren seines Alters zu sehen.

Wandel. Ah! ihr unterthänigster Diener, mein theurer Herr.

Tausendlieb. Solchen weisen Vätern, wie sie sind, mein Herr, haben wir es zu verdanken, daß unser Zeitalter solch einen Ueberfluß an artigen, feinen Herren hat. Unsre einfältige Vorfahren waren entweder rauhe Soldaten, pedantische Gelehrten, oder bäurische Landleute: damals war es eben so schwer einen feinen artigen Herrn unter uns zu finden, als es itzt ist, einen wahren Britten anzutreffen.

Alter Wandel. Ich bin sehr stolz, Mylord, meinen Sohn, in solcher Gesellschaft zu finden, wie die ihrige Mylord.

Tausendlieb. Mein werther Herr, ich versichre sie, die Ehre ist auf meiner Seite.

Alter Wandel. Potz Welten! die vornehmen Leute sind doch die höflichsten Menschen auf dem Erdboden.

Tausendlieb. Und ich glaube, meine Schwester ist der nemlichen Meynung.

Wandel. Seine Schwester!

Der Hochzeitstag.

Alter Wandel. Ich bleibe Ewr. Herrlichkeit unendlich verbunden.

Tausendlieb. Ich sehe, mein Herr, sie fürchten sich zu reden; allein ich denke gar nicht, daß es der Ehre meines Hauses nachtheilig sey, sich mit einer würd gen Familie zu verbinden: wenn ansehnliches Vermögen, obwohl kein Titel vorhanden ist.

Alter Wandel. Mylord!

Tausendlieb. Und da meine Schwester sich nun einmal so weit herunter gelassen und die Anwerbungen ihres Sohnes genehmiget hat, so werde ich mich der Parthie nicht widersetzen.

Alter Wandel. Sie setzen mich in Bestürzung, Mylord –

Tausendlieb. Nein, mein Herr, sie können darüber nicht bestürzt seyn. Der Herr Wandel hat zu viel Ehre, als daß er so weit gegangen seyn sollte, ohne seinem Vater Nachricht von der Sache zu geben.

Alter Wandel. O ja, Mylord, er hat mich benachrichtiget — — Ja, Mylord, ich weiß in der That davon — aber die Ehre war so groß, ich konnte es kaum glauben.

Wan-

Wandel. (bey seite) Dies ist nicht das erste Frauenzimmer, in die ich verliebt gewesen bin, ohne sie gesehen zu haben.

Alter Wandel. (zu seinem Sohne) O pfuy! Jakob, warum hast du mir von allem diesem nichts gesagt? — Ich gehe gleich, um die andre Parthie wieder zu brechen. — Mylord, ich vermag die dankbaren Empfindungen nicht auszudrücken, die ich für diese hohe Ehre —

Tausendlieb. Es soll mir lieb seyn sie in meinem Hause zu sehen. Der Herr Wandel hat nach Belieben freyen Zugang zu meiner Schwester.

Wandel. Mein theurer Lord, ich bin ihr unterthäniger gehorsamer Diener.

Alter Wandel. Ich, und die meinigen, Mylord, sind Ew. Herrlichkeit ewige Verbindlichkeit schuldig: ich hoffe, mein Sohn empfindet die hohe Ehre eben so sehr, als ich — ich will gehen und nur eine kleine Angelegenheit besorgen, und dann, Jakob, komme ich wieder hieher, da sollst du mich zu seiner Herrlichkeit führen: allein gehe hier nicht vom Platze, sonsten finde ich dich unmöglich wieder. Unterdessen

Der Hochzeitstag.

sen bin ich Ew. Herrlichkeit, ergebenster, gehorsamster und unterthänigster Diener zu Befehl.

(geht ab)

Sechster Auftritt.

Die Vorigen.

Tausendlieb. Nun, habe ich den Alten nicht gut daran gekriegt? —

Wandel. Ja, aber, wie Mylord Jonston sagt, wie werden wir das weiter ausführen?

Tausendlieb. Eben denke ich daran. Gesetzt, ich verschafte jemanden der meine Schwester vorstellte: wie ich sehe, ist ihr Vater gut, schwach und leichtgläubig, auch nicht völlig so unbiegsam, wie ihr Schwiegervater —

Wandel. An den Galgen mit ihm! Mein Vater ist noch in seinem Leben nicht zwo Minuten bei einem Entschlusse geblieben. Er ist das wahre Ebenbild von Mylord Hirngicht; und sie wissen, Mylord Hirngicht ist sehr berühmt deswegen, daß er sein Wort bricht. Er hat fünfzigmal

etwas versprochen und nicht ein einzigesmal ge=
halten — wenn wir dann wieder zusammen kamen,
pflegte er zu sagen: Jakob, ich weiß, sie werden mir
verzeihen, ich habe so ein Gedächtniß — aber da
ist Sir Georg Gänserich, der hat eben so ein Ge=
dächtniß; aber Georg ist doch ein lustiger Kauz,
das ist wahr. Er und ich, und der Herzog wa=
ren —

Tausendlieb. Horch, jetzt weis ich, wie
wirs ausführen können: Herzstärk's Haus soll
meines vorstellen, dahin bringen sie ihren Va=
ter: sie werden da ein Frauenzimmer antreffen,
das sie empfangen wird. Thun sie mit ihr,
als wenn sie alte Bekannten wären. Ich will sie
schon unterrichten, wie sie ihnen antworten soll.
Jetzt erwarten sie ihren Vater, und vergessen
sie nicht mir den Titel Lord Wahrlieb zu geben.

Wandel. Ey, ich speißte vor vier Tagen mit
dem Lord Wahrlieb zu Mittag; wie viel Fla=
schen denken sie wohl, daß wir ausleerten?

Tausendlieb. Zwanzig Dutzend, wenn sie
wollen.

Wandel. Nein, so viel nicht, — nicht
völlig so viel; ich brach vieren den Hals: und

so

Der Hochzeitstag. 49

so betrunken war Mylord Wirwarr, ha! ha! ha! so rasend —

Tausendlieb. Wenn du nicht selbst ganz betrunken oder rasend bist, so gieb doch auf das Acht was du vorhast; verziehst du einen Augenblick länger, so gebe ich die ganze Sache auf.

Wandel. Ich gehe, ich gehe, Mylord Wahrlieb, ihr Diener. Zum Henker! Sir John ist doch der lustigste Kauz in der Christenheit.

Siebender Auftritt.

Tausendlieb.

Tausendlieb. Geh, geh deiner Wege, du wahrer Katalogus des Adels — ich glaube wahrhaftig, es ist nichts als die Eitelkeit solcher Narren, wie dieser ist, welche die Menschen stolz auf blose Titel macht, ohne andre Verdienste dabei zu haben. Wenn ich jetzt diesen Stutzer mit meiner Baase aus Northumberland zusammen knüpfen kann, so werde ich eine mir sehr lästige Verwandtin los. Eh! beim Teufel, die Arme eines reichen Nar-

D   ren

ren sind eine Art von recht gutem Hospital, für jedes Weib, das ihren guten Namen im Dienste des Vaterlandes abgenutzet hat.

Achter Auftritt.

(Standhaft's Haus)

Charlotte. Herzstärk. Mad. Nützlich.

(Charlotte spricht mit der Madame Nützlich, die hinaufgeht und gleich mit dem Herzstärk wieder herein kömmt.)

Charlotte. Wohl! sagen sie dem Elenden, ich wollte mit ihm sprechen, um ihm die letzte Antwort zu geben, weil er es so verlangt. Der arme Kerl! wie wenig argwöhnet er, wer sein Nebenbuhler sey — O! Tausendlieb, du hast mein Herz in einer Woche mehr seufzend gemacht, als ich dachte, daß es möglich wäre — mehr als ich je einen andern seufzen machte. — Wie soll ich ihm meine Liebe zu erkennen geben, oder wie soll ich dieser Heyrath ausweichen, die mir mein Vater zugedacht hat? — Gut, mein Herr, wie oft muß ich ihnen sagen, daß ich sie nicht will, daß ich sie nicht nehmen kann?

Herz.

Herzstärk. Madame, da sie mir oft das Gegentheil gesagt haben, so denke ich, sie sollten mir auch eine Ursach angeben, warum sie mich nicht haben wollen.

Charlotte. Hier ist eine — ich hasse sie.

Herzstärk. Ich hätte wohl wegen der Heftigkeit meiner Liebe eine bessere Ursache erwarten können.

Charlotte. O! das ist die beste Ursache von der Welt. Ich hasse alles, was lächerlich ist, und es ist nichts so lächerlich, als ein wirklicher Liebhaber.

Herzstärk. Mich deucht, die Dankbarkeit wäre fähig, die höchste Zuneigung hervorzubringen.

Charlotte. Gehorsame Dienerin, mein zuckersüsser Herr — Dankbarkeit! — da muß eine Verbindlichkeit vorhergegangen seyn; wie kann ich aber ihnen für ihre Liebe verbunden seyn? ich habe sie nicht darum gebeten, oder habe ich das? Es ist ja nicht meine Schuld, daß sie mich lieben; und wenn unser einer einen jeden nehmen müßte, der uns liebt, so müßten wir die ganze Stadt nehmen.

Herzstärk. Kann meine Marter sie belustigen Madame?

Charlotte. O! gewiß nicht, mein Herr; ich bin von ganz ausserordentlich gutem Gemüthe; sie können ja nicht läugnen, daß ich sie oft gebeten habe ihre Folter zu verlassen; aber sie verlangten, daß ich sie herunter und in meine Arme nehmen sollte; gehen sie, sie sind ein häßliches, lächerliches Geschöpfe.

Herzstärk. Geben sie mir meine Vernunft wieder; lösen sie den Zauberknoten auf, mit dem sie mich gebunden haben; denn so lange sie mich in ihren Fesseln halten, ist es barbarisch, wenn sie mir gebieten meine Freyheit wieder zu nehmen.

Charlotte. Fesseln? — Ja, verliebt, oder auf der Galeere seyn, ist beinahe eins; ein Liebhaber ist, wie andre Sklaven, nur der Gegenstand des Mitleidens; ja sie sind noch verächtlicher, sie sind wahres Ungeziefer. Einer giebt mit einem Lächeln tausenden das Daseyn, und nimmt es ihnen wieder durch einen zornigen Blick. Ein berühmter Arzt dürfte mit eben dem Rechte sich über den Tod jedes seiner Patien-

Der Hochzeitstag.

tienten betrüben, als eine berühmte Schöne über den Tod jedes Liebhabers: da würden beide uie trockne Augen haben.

Herzstärk. O! Madame, die Welt ist nicht so ganz taub gegen die Vernunft, als ich es bin. Es giebt noch Leute, die ihre Fehler sehen können, obschon ich es nicht kann — die Affektation gegen Schönheit und ein böses Herz gegen Witz abwägen können.

Charlotte. Die sind unzertrennlich. Keine Schönheit ist ohne Affektation, kein Witz ohne ein böses Herze. Die Liebhaber sehen nur Vollkommenheiten. Für die Liebe ist alles weiß, wie für die Selbsucht alles gelb ist.

Herzstärk. O! diese eiskalte Unempfindlichkeit ist ärger als Wuth!

Charlotta. Es wäre in der That grausam, das Feuer weiter anzufachen. Ich möchte ihre Leidenschaft ersticken, weil dieses das letzte mal ist, daß sie ohne Nachtheil meiner Ehre öffentlich ausbrechen darf.

Herzstärk. Sie können sich doch unmöglich entschließen einen Narren zu heyrathen!

Charlotte. Ich kann mich entschliessen, gehorsam gegen meinen Vater zu seyn, und lieber alles zu wagen, als mein Glück. Kurz, mein Herr Herzstärk, hätten sie meinen Vater gewinnen können, so hätten sie auch mich gewonnen. Ich liebte sie genug, um dem Willen meines Vaters zu folgen, aber nicht genug, um ihm ungehorsam zu seyn.

Herzstärk. War das ihre Neigung gegen einen Mann, der für sie sein Leben und die ganze Welt aufgeopfert hätte?

Neunter Auftritt.

Klarinda. **Die Vorigen.**

Klarinda. Pfuy, Charlotte, wie können sie ihn so barbarisch behandeln! Armer Herzstärk! ich habe aufrichtig Mitleiden mit ihnen.

Charlotte. Wirklich, Klarinda, — ich werde sie nie Mutter nennen, — ich bin zu dem Alter gekommen, wo ich ihren Rath in Ansehung meiner Versorgung nicht mehr vonnöthen habe. Ich frage sie auch nicht um ihr Gutachten, eben so wenig, als sie das meini-

Der Hochzeitstag? 55

ge begehrt haben, da sie meinen Väter heyratheten.

Klarinde. Liebe Charlotte, sie werden gewiß nie mehr Ursache haben, meine Heyrath zu bereuen, als sie über ihre eigne haben würden, wenn sie diesen ehrlichen Mann nähmen.

Herzstärk. O! Madame, mein Leben ist ein armseliges Opfer für solche große Gütigkeit!

Charlotte. Liebes Weibchen, wäre der alte Herr, ihr Gemahl zugegen, sie würden ihn an seinem Hochzeitstage eifersüchtig machen. Ausserdem ist ihr Tadel barbarisch, denn mein Väter ist entschlossen, mich dem Herrn Wandel zu geben, und sie wissen, oder sie werden es in kurzem erfahren, daß es ihm unmöglich ist, eine einmal gefaßte Entschliessung zu verändern.

Zehnter Auftritt.

Standhaft. Herzstärk. Klarinda.

Standhaft. He! zum Teufel! was giebts hier? Hatte ich ihnen nicht mein Haus verboten? Bin ich nicht Herr von meinem Hause?

Herzstärk. Nein, mein Herr, das werden sie nie seyn, so lange sie so schöne Frauenzimmer darinnen haben.

D 4 Stand-

Standhaft. Herr, hätte ich zwey Kaiserinnen drinnen, so sollte mein Wort ein Gesetze seyn. — Und ich sage ihnen Herr, ich will Schiesgewehr, Kanonen, Karthaunen, Bomben und Häscher in meinem Hause haben, wenn ich sie wieder hier treffe.

Klarinda. O! mein Lieber, beleidigen sie ihn nicht weiter; Charlotte ist ihm schon übel genug begegnet.

Standhaft. Hören sie, Madame, hören sie, meine Liebe, ich muß ihnen an unserm Hochzeitstage auch einen guten Rath geben — unterbrechen sie mich nie, unterstehn sie sich nicht ihre Meinung zu sagen, bis sie gefragt werden. Hat die Natur etwas umsonst gemacht, so ist es die Zunge eines Weibes. Die Weiber sind bestimmt, gesehen, nicht gehört zu werden. Unsern Augen zu gefallen wurden sie erschaffen.

Charlotte. O! meine Theure, sie werden ganz ausnehmend glücklich mit einem Manne seyn; der bei seiner Heyrath kein Vergnügen für einen andern Sinn als für seine Augen sucht.

Klarinda. Ich zweifle gar nicht daran mit ihm so glücklich zu seyn, als ich es wünsche.

Stand-

Der Hochzeitstag.

Standhaft. Das ist wieder etwas, wogegen ich ihnen eine Warnung geben muß — Flispern sie nie in meiner Gegenwart — Man flispert nie ohne eine üble Absicht. In meinem sechzehnten Jahre schon entschloß ich mich in meinem Leben nicht zu flispern, und das habe ich noch immer gehalten.

Herzstärk. Ja, Herr, und wenn sie sich entschlossen hätten, sich aufzuhenken, so hätten andre Leute auch ihrem Beyspiel folgen müssen.

Standhaft. Ich wünsche nur, daß sie sich entschliessen mögten aus meinem Hause zu gehen, sonst werde ich eine Entschliessung fassen, die ihnen nicht gefallen wird. Charlotte, hast du diesem Herrn noch keinen förmlichen Abschlag gegeben, so thue es itzt.

Charlotte. Sie hören, was mein Vater sagt; ich wünsche also, daß sie uns verlassen und nie wieder hieher kommen mögen.

Herzstärk. Gewisser Tod sollte mich nicht abhalten gegen ihre Befehle ungehorsam zu seyn: sie verbannen mich, ich folge.

(geht ab)

Eilfter Auftritt.

Klarinda. Standhaft. Charlotte.

Klarinda. Bey meinem Leben, ein artiger Kerl!

Standhaft. Bey meinem Leben, ein Heuchler! Der Kerl wird in seinem vierzigsten Jahre erst lüderlich werden. Der Saamen der Lüderlichkeit ist in ihm, und früh oder spät wird er ausbrechen. Die Lüderlichkeit ist eine Krankheit die im Geblüte steckt, jeder bringt sie mit auf die Welt; je eher sie ausbricht, desto besser.

Charlotte. Nun, Herr Vater, ich hoffe, da ich ihrem Willen Genüge geleistet, und einen Liebhaber fortgeschickt habe, daß sie mir itzt auch meinen Willen gönnen, und meine Heyrath mit einem andern aufschieben werden.

Standhaft. Sey deswegen ruhig. Wenn du nur heute, — diesen Tag noch verheyrathet wirst; die Stunde gilt mir gleich.

Charlotte. Warum heute?

Standhaft. Weil ich es beschlossen habe.

Charlotte. Ein Tag würde doch keinen Unterschied machen?

Stand-

Der Hochzeitstag.

Standhaft. So hab' ich's bestimmt.

Klarinda. Ich bitte um einen kurzen Aufschub.

Standhaft. Ich bin entschlossen.

Charlotte. Ueberlegen sie, daß meine ganze Glückseligkeit davon abhängt!

Standhaft. Und wenn die Glückseligkeit der ganzen Welt davon abhienge, so würde ich meinen Entschluß nicht ändern.

(Ein Bedienter kömmt.)

Bedienter. Herr, der Herr Wandel ist drunten.

Standhaft. Führ ihn herauf. Geht ihr beyde hinein in eure Zimmer. Tochter, mach dich fertig. Ich habe die Stunde noch nicht bestimmt, wenn ich dich verheyrathen will, aber diesen Nachmittag soll es geschehen; denn ich bin entschlossen unsre beyde Hochzeitabendmahlzeiten zugleich zu halten.

(beyde Frauenzimmer gehen ab.)

Zwölfter Auftritt.

Standhaft. Der alte Wandel.

Standhaft. Ihr Diener, Herr Wandel. Zum Henker! wo ist der Bräutigam? — Für einen

einen jungen Burſchen iſt er ziemlich läſig — das wird die Braut übel nehmen, und nicht ohne Urſache.

Alter Wandel. Herr Standhaft, wenn ſie, oder ihre Tochter etwas übel nehmen, ſo können wir da nicht helfen.

Standhaft. Ba! ba! ich ſpaßte nur; ſie ſoll nichts übel nehmen, denn ich bin zu der Heyrath entſchloſſen.

Alter Wandel. Wirklich? das thut mir leid.

Standhaft. Ha! leid, warum?

Alter Wandel. Warum ſoll ich lang Anſtand nehmen, da es doch bekannt werden muß — mein Sohn hat ſich vorhero anderſt- wo eingelaſſen. —

Standhaft. Was!

Alter Wandel. Ja, mein Herr, mit einer jungen, ſchönen und reichen Dame, und was noch mehr iſt, mit einer vornehmen Dame von hohem Adel. Ich, mein Herr, wuſte kein Wort davon, als wir unſern Handel ſchloſſen; itzt thut es mir herzlich leid, und ich bitte um Verzeihung.

Stand

Der Hochzeitstag.

Standhaft. Was! behandeln sie mich so, nachdem ich so große Anerbietungen ihres Sohnes wegen abgewiesen habe?

Alter Wandel. Ich habe keine Schuld — wenn aber Würde und Abel uns so in den Schooß fällt —

Standhaft. Ja, Würde und Abel darf immer in ihren Schooß, oder gar in ihre Tasche fallen, sie werden doch dabey nichts gewinnen. — Und wer ist denn diese große adeliche Dame, wenn ich fragen darf?

Alter Wandel. Ich weis weiter nichts, als daß sie eines Lord's Schwester ist.

Standhaft. Hat sie denn keinen Namen?

Alter Wandel. Ja, Herr, ich vermuthe, daß sie einen Namen hat, obschon ich ihn nicht weis.

Standhaft. Und was ist denn ihr Vermögen?

Alter Wandel Das weis ich auch nicht.

Standhaft. Unterthäniger Diener, mein Herr — ich verehre ihre tiefe Einsicht; wenn der Adel der Dame ihrer Weisheit gleich kömmt, so werden Betteley und Dummheit bald in genauer

nauer Verbindung stehen — ich bewundre ihren Sohn, mein Herr, denn obgleich er wahrscheinlicher Weise nichts bey dem Tausche gewinnen wird, so zeigt er doch Verstand genug, seinen Vater bey der Nase herumzuführen; und während dem die ganze Welt über ihn lacht, darf er auch über sie lachen.

Alter Wandel. Was meynen sie damit?

Standhaft. Warten sie nur bis man ihnen ihre Schwiegertochter in's Haus bringt: sie wird ihnen gewiß meine Meynung erklären: sie wird ihnen beyde Extremitäten mitbringen. Adel im Hundsstall und Vermögen in der Luft.

Alter Wandel. Hm! wenn es sich so befinden sollte — Herr, die Heyrath ist noch nicht geschlossen.

Standhaft. Nun, ich weis ja, daß sie sehr fähig sind, sie wieder zu brechen.

(Ein Bedienter kömmt.)

Bedienter. Herr, der Advocat ist draussen mit den Schriften.

Standhaft. Er kann sie wieder ausstreichen, wenn er will, und sich hernach aufhenken.

Alter

Der Hochzeittag.

Alter Wandel. Warten sie, mein Herr, ich bin in dieser Sache noch nicht völlig entschlossen —

Standhaft. Sie sind's in keiner: ich aber bin's; und sie müssen itzt auf die eine oder andre Seite ihre Ansprüche aufgeben.

Alter Wandel.. So halte ich mich an den sichersten — Herr, lassen sie ihren Advocaten hereinkommen: ich hoffe sie werden mir das Geschehene vergeben.

Standhaft. Ja, aber mehr um meinetwillen, als um ihrentwillen; denn hätte ich die Parthie nicht beschlossen, so hätte ich andre Maßregeln nehmen können.

Dreyzehnter Auftritt.

Die Vorigen. Prigg.

Alter Wandel. Kommen sie, mein Herr, ich bin bereit die Bedingnisse zu unterzeichnen.

Standhaft. Wo ist Herr Beutelpresser, euer Herr?

Prigg. Mein Herr ist geschäftig, er konnte selbst nicht kommen; ich kann's auch verrichten.

Stand-

Standhaft. Das weis ich am besten zu beurtheilen — ich bin entschlossen nie etwas ohne euren Herrn zu unterschreiben.

Prigg. Es ist gleich, ich versichre sie. — Der Aufsatz ist ganz da, und jeder Zeuge ist dabey so gut, wie mein Herr.

Standhaft. Euer Herr ist ein fauler Schlingel, der mich doppelt beleidiget — erstlich, weil er nicht kommt, und zweytens, weil er mir da so einen naseweisen Gecken schickt, mit dem ich mich zanken muß.

Alter Wandel. Ich glaube doch, Herr Standhaft, daß es angehen würde —

Standhaft. Nehmen sie mir's nicht übel, ich werde meinen Entschluß nicht ändern. Geht also zu eurem Herrn und sagt ihm, daß er gleich herkomme; denn ich unterschreibe ohne ihn nicht; das habe ich beschlossen

Alter Wandel. Währender Zeit will ich meinen Sohn rufen, damit uns nichts weiter aufhalten möge.

(Ein Bedienter kömmt.)

Bedienter. Herr, der Schneider schickt her und läßt sagen, daß er die neue Liveree nicht vor morgen früh schaffen kann.

Stand-

Der Hochzeitstag.

Standhaft. So laß dem Schneider mein gehorsamstes Kompliment vermelden, und sagen, daß er sie halb fertig, oder ganz ungemacht herschicken soll; denn ich bin entschlossen, daß sie heute getragen werden soll; und müßtet ihr sie auch wie Bettücher über die Schultern werfen, und meine Equipage wie das Gefolge des marokanischen Gesandten aussehen.

Dritter Aufzug.

Erster Auftritt.

(Die Straße.)

Herzstärk. Tausendlieb. Wandel.

Herzstärk. Mit meinem Glücke sieht es zwar verzweifelt aus; doch werthester Tausendlieb, ihnen habe ich immer tausend Verbindlichkeiten für ihre Bemühung.

Wandel. Und mir auch — ich habe mich ihrentwegen der Gefahr ausgesetzt, enterbet zu werden — Was die Frau anbetrift, so ist der Verlust zwar nicht groß; aber ich habe für ihr Vermögen eine wahre Hochachtung.

E Tau-

Tausendlieb. In der That, Herzstärk, du bist ihm Verbindlichkeit schuldig; er hat gethan, was in seinem Vermögen war —

Herzstärk. Ich danke ihm — und um mich erkenntlich zu erweisen, so will ich ihnen guten Rath ertheilen. Entsagen sie doch dem lächerlichen Stolze, mit der Bekanntschaft der Vornehmen zu prahlen, die sie nie gesehen haben, und das aus zwey Ursachen: erstlich, weil sie niemand glaubt, und wenn sie auch geglaubet würden, so würde sie doch niemand deswegen hochschätzen. Dann, weil alle Klopfechter, Roßkämme, Spieler, Kuppler und Schalksnarren in England die nemliche Ehre geniessen. —

Wandel. Ha, ha, ha! das ist lustig, überaus lustig; Tausendlieb, wenn ich nicht wüßte, daß Herzstärk die beste Gesellschaft hielte, so würde ich glauben, er wäre neidig.

Tausendlieb. Und ich glaube, daß sein Ehrgeiz wo anders hinziele, denn ich habe ihn am hellen Tage und in dem Angesichte vieler Menschen mit einem Kerl spazieren gehen sehen, der ein schmutziges Hemd und eine ungepuderte Perücke hatte.

Der Hochzeitstag.

Wandel. Da hat er ein Paar herrliche Eigenschaften gewählt, um damit auf öffentlichem Spaziergange zu erscheinen.

Herzstärk. Und der Mann, den Tausendlieb meynt, hatte doch zwo Eigenschaften, die selten auf dem Spaziergange, oder sonst wo gesehen werden —

Wandel. Und welche sind die?

Herzstärk. Gesunde Vernunft und Tugend.

Wandel. Ha, ha, ha! gesunde Vernunft und Tugend! – Schmutzige Wäsche und kein Haarpuder — Vier schöne Dinge, wobey ein alter Philosoph leben kann —

Tausendlieb. Oder ein neuerer verhungern — doch stille — erinnern sie sich, wer ich bin.

Zweyter Auftritt.

Alter Wandel. Die Vorigen.

Tausendlieb. Ey! so eilfertig, Herr Wandel? Itzt wenn's gefällig ist, bin ich bereit ihnen aufzuwarten —

Alter

Alter Wandel. Ich möchte Ew. Herrlichkeit nicht gerne fernere Mühe machen: denn ich finde, Mylord, daß die Sachen schon zu weit gegangen sind, um sie itzt noch wieder abzubrechen — Ich danke Ew. Herrlichkeit für die mir zugedachte Ehre; allein mein Bube muß seine erste Geliebte nehmen —

Herzstärk. Ha!

Tausendlieb. Was ist das!

Alter Wandel. Kurz, Mylord, ich habe alle Ehrfurcht für Würde und Titel; allein es giebt gewisse Dinge dabey zu überlegen. — Der Adel, Mylord, ist eine herrliche Sache, aber er bezahlt keine Schulden.

Wandel. Da irren sie sich sehr, Herr Vater.

Tausendlieb. Ich dachte gar nicht, daß diese Betrachtung meine Schwester einer Beschimpfung aussetzen würde — sie sollen der letzte aus dem Pöbel seyn, dem ich sie je anbieten werde — verlassen sie sich darauf — vielleicht wird sie ihre Weigerung gereuen —

Wan.

Der Hochzeitstag.

Wandel. Liebster Herr Vater, überlegen sie — ihres Sohnes Glückseligkeit, seine Größe; alles hängt davon ab.

Tausendlieb. Itzt, da die Sache vorbey ist, mein Herr, will ich ihnen nur noch sagen, daß meine Schwester nicht allein ein sicheres Vermögen besitzt, das der Miß Standhaft ihres weit übertrift, sondern, da ich mich entschlossen habe ledig zu bleiben, so würden auch meine Güter und meine Würden auf ihren Sohn gefallen seyn.

Alter Wandel. He! und ich sollte meinen Jakob als Lord sehen — ein Lord sollte mich um meinen Segen gebeten haben! ein ganzer Schwarm junger Lords und Ladies wären meine Urenkel gewesen! Sollte ich alter verdorrter Holzäpfelstamm gesehen haben, daß solche edle Früchte auf meine Zweige gepfropft wären! — O! mein theurer, guter Lord, ich bitte auf meinen Knien um Vergebung — verzeihen sie die närrische Vorsicht eines alten, furchtsamen Mannes —

Tausendlieb. Meine Ehre verbietet es, meine Ehre —

Der Hochzeltstag.

Herzstärk. Lassen sie mich bitten, Mylord —

Alter Wandel. Muß ihre Ehre ein Opfer haben; o! so bestrafen sie meinen Fehler. Treten sie auf meinen Nacken, Mylord. Machen sie mit mir, was sie wollen. Nur lassen sie mich nicht meinen Sohn an seinem Glücke hindern.

Tausendlieb. Die strengste Ehre erfordert nicht, daß wir ganz unerbittlich seyn sollen. Ich will mich also mit einer mäßigen Strafe begnügen. Ich war Willens das Vermögen meiner Schwester vor der Heyrath auszuzahlen, itzt soll es erst nachher geschehen.

Alter Wandel. Wann es Ew. Herrlichkeit gefällt. Ich will itzt gleich dem Standhaft einen völligen Abschlag geben, und dann wieder zurück kommen — Jakob, bleibe, bleibe du hier, und erwarte mich, um mich zu Sr. Herrlichkeit zu führen. Mylord, ich bin Ew. Herrlichkeit unterthänigster, gehorsamster Diener zu Befehl.

(geht ab)

Tausendlieb. Das geht nach Wunsch. Ich habe Lust auch den Geistlichen zu spielen, und euch im Scherz zu verheyrathen.

Wan,

Wandel. Aber ich werde den Ehemann nicht spielen, ich bedanke mich —

Tausendlieb. Ba, zum Scherz —

Wandel. Heyrathen ist kein Scherz, hm!

Tausendlieb. Und mir scheint es der gröste Spaß von der Welt. Herzstärk, wenn der alte Herr kömmt, so führen sie ihn in ihr Haus, das soll Mylord Wahrlieb's Haus seyn: ich will in der grösten Geschwindigkeit das Frauenzimmer dahin bringen. Allein vergessen sie nicht, allen ihren Bedienten besonders anzubefehlen, daß ihr Name Wahrlieb seyn soll.

Herzstärk. (zu Wandel) Wollen sie, daß ich währender Zeit bey ihnen bleiben soll, so quälen sie mich nicht mit ihren Lords. Ich lasse ihnen keinen Baron paßiren: Nein, nicht einmal einen Ritter, wenn er auch erst die vergangene Woche gemacht worden wäre, und die Gebühr noch nicht bezahlt hätte.

Wandel. Gut, gut, ich will mich in ihre Laune schicken, obschon ich zu ihrem Besten arbeite.

Der Hochzeitstag.

Dritter Auftritt.

(Standhafts-Haus.)

Klarinda. Nützlich.

Klarinda. An meinem Hochzeittage meines Mannes Haus zu verlassen, und einen Galan besuchen? — In Ewigkeit nicht —

Nützlich. So schicken sie einen schönen Kerl zu seinen Vormündern.

Klarinda. Nein, sagen sie dem Barbaren: so verloren, wie er ist, würde ich mich doch mit jedem Heyrathsgut begnügt haben, nur mit seiner Schande nicht. Sagen sie ihm: er habe mich zu dem Entschluß gezwungen, den ich gefaßt habe; denn ihn zu vermeiden war der erste Beweggrund zu meiner Heyrath; und sagen sie ihm, in der Stunde, da ich dem Herrn Standhaft meine Hand gab, entschloß ich mich, auch ihn nie wieder zu sehen.

Nützlich. Hol mich der Teufel, wenn ich das thue! dazu können sie einen andern Boten brauchen. Ich will keine Schuld an seinem Tode haben. Ich hatte allezeit eine natürliche Antipathie

Der Hochzeitstag. 73

pathie gegen den Mord — O! sie sind ein grausames Mädchen! Ach! hätten sie ihn seufzen, schluchzen, winseln und ihren Brief küssen sehen, hätten sie gehört, wie er ihnen die zärtlichsten, süssesten Namen beylegte; darauf einen Regenguß von Thränen auf's Papier schüttete, es dann wieder küßte, und schwur, er verliere seine Seele mit ihnen — o! es würde Felsen erweicht haben, wenn sie es hätten ansehn können.

Klarinda. Warum willst du mich umsonst quälen?

Nützlich. Es ist ihre eigne Schuld, wenn es umsonst ist.

Klarinda. Was kann ich thun?

Nützlich. Was sie thun können? — O daß doch ein Mädchen von achtzehn Jahren noch so eine einfältige Frage thun kann! Was sie thun können? — das sollte ihnen das Mitleid eingeben, wenn ihr Herz nicht taub wäre gegen alles was gut ist. Wenn der Bettler ein artiger, schöner, junger Kerl ist, welchem Mädchen fehlt es denn wohl an Mitleiden?

Klarinda. Ich habe nichts mehr zu geben. Mein Alles gehört itzt meinem Ehemanne;

ne; auch kann ich nichts geben, ohne ihn zu beleidigen, ohne —

Nützlich. Ihrem Manne? O! sie machen mich rasend. Ihren Mann beleidigen — Sie könnten eben so gut denken, ihren Kasten zu beleidigen, wenn sie Geld daraus nehmen — Möchten sie denn ihre ganze Lebenszeit in dem alten schimmlichten Kasten, den Armen ihres Mannes eingeschlossen bleiben?

Klarinda. Ha! steht es dir zu, meinem Mann zu spotten, der du alle deine niederträchtige Redekunst erschöpfet hast, um mich zu überreden ihn zu nehmen?

Nützlich. Ja, ihn als ihren Ehemann zu nehmen, das that ich, und jetzt suche ich sie zu überreden einen Ehemann aus ihm zu machen.

Klarinda. O! Niederträchtige! was bewegt dich, mir so zu begegnen? Hast du mich nicht zu erst verführt, mein Kloster zu verlassen, und mit dem Ungeheuer Tausendlieb nach England zu fliehen? — Und hast du nicht hernach mit dem nemlichen Eifer mich zu dieser Heyrath überredet? Und jetzt —

Nütz

Der Hochzeitstag.

Nützlich. O was das alles für Citationen sind! Es ist wahr, ich riethe ihnen einen Ort zu verlassen, der mir für das Heil ihrer Seele nicht gut zu seyn deuchte: ich rieth ihnen in die Arme eines Mannes zu fliehen, den sie, meiner Meynung nach, liebten. Da ich aber glaubte, er liebe sie nicht, da rieth ich ihnen wieder, ihn zu verlassen. Jetzt da ich finde, daß er sie liebt, rathe ich ihnen wieder zu ihm zu gehen.

Klarinda. Was! mit dem Verlust meiner Ehre?

Nützlich. Dem Verlust ihrer Ehre? Nein — nein — sie können ihre Ehre immer behalten; denn jede Frau behält sie, bis sie entdeckt wird.

Klarinda. Sag' mir nichts mehr davon.

Nützlich. Zum wenigsten können sie ihn doch sprechen, — das ist doch keine Schande.

Klorinda. Ich darf nicht daran denken.

Nützlich. Nun so thun Sie's ohne daran zu denken. — Machen sie doch, daß der arme
Mann

Mann die Fortdauer seines Lebens meinem Bitten zu verdanken habe.

Klarinda. O! er hat in mir einen weit kräftigern Fürsprecher.

Nützlich. Gut — ich fliege mit der glücklichen Bottschaft.

Klarinda. Bleib — ich kann mich nicht entschliessen.

Nützlich. Das ist genug — ein Mädchen das sich nicht wider ihren Liebhaber entschliessen kann, entschließt sich allezeit zu seinen Gunsten.

Klarinda. Gut — ich will noch einmal das letzte theure Gift aus seinen Augen saugen, und ihnen auf auf ewig Lebewohl sagen.

Vierter Auftritt.

(Eine Straße)

Charlotte. (verkleidet)

Charlotte. Recht glücklich bin ich aus meines Vaters Hause entwischt. — Jetzt, was ist zu thun, oder wohin soll ich gehen? Das weis ich nicht. Zurückkehren? — O ich kenne
seine

Der Hochzeitstag.

seine unbewegliche, seine heftige Gemüthsart zu gut — er wird mir keine Hofnung übrig lassen die Heyrath zu vermeiden, die er einmal beschlossen hat. — Gesetzt, wenn ich den Tausendlieb auffände, und ihm meine Leidenschaft entdeckte — lieber wollt' ich sterben — wenn Herzstärk diesen Augenblick käme; ich glaube ich würde mich nicht länger weigern — Ha!

Fünfter Auftritt.

Tausendlieb. Charlotte.

Tausendlieb. Verflucht sey meine Eilfertigkeit, mit der ich diesen Morgen die gute Mutter fortschickte — ich werde die Lucinia nie finden können — ich muß mich nach einer andern umsehen — Ha! was schickt das Glück mir da? Ein Frauenzimmer mit einer Maske — vielleicht hat sie sie angelegt um die Blattern oder eine andre verfluchte Häßlichkeit zu verbergen — Aber meinetwegen mag sie einem für eine vornehme Dame gelten — ich will sie anreden, und wenn ich mich nicht irre, so erwartet sie es. Zum wenigsten droht sie doch nicht, davon zu laufen. — Madame, ihr gehorsamer, unterthäniger

ger Diener — ich urtheile nach ihrer gewärtigen Figur, daß ihre Maske ihnen einen Vortheil über mich giebt, — nemlich, daß ich die Ehre habe ihnen bekannt zu seyn —

Charlotte. Verlassen sie sich darauf, mein Herr, es gereicht zu meinem Vortheil mein Gesicht zu bedecken — Und ich denke, es würde auch zu ihrem Vortheil seyn, wenn sie eine Maske trügen.

Tausendlieb. O, ich entschuldige sehr gerne, daß sie mein Gesicht mißhandeln, denn sie machen es mit ihrem eignen nicht besser, auch glaube ich nicht, daß sie beides ernstlich meynen. An ihrem Auge sehe ich, daß ich ihnen nicht zuwider bin; und sie werden sich doch wohl selbst lieben?

Charlotte. Wenn der Herr Tausendlieb von dem ersten so völlig überzeugt ist, so kann er auch, ohne übel von meiner Bescheidenheit zu denken, das letzte argwöhnen.

Tausendlieb. Auch meinen Namen? Hm!

Charlotte. Sie haben doch wohl keine schlimmere Meynung von sich selbst, weil ich ihren Namen weiß?

Tau-

Der Hochzeitstag.

Tausendlieb. Nein, meine Liebe, aber auch keine bessere von ihnen. — Hör', mein Schatz, du bist gewiß eine von meinen alten Bekannten, und denen diene ich alleseit recht gerne: hör' ich will dein Glück machen.

Charlotte. Itzt glaube ich doch nicht, daß sie mich für eine alte Bekannte halten; denn wenn ich das wäre, so müßte ich ja wissen, daß das ausser ihrem Vermögen ist.

Tausendlieb. Wahr, Madame, ich habe nicht so viele Indien, als ich den Mädchen geben würde, wenn ich sie hätte — allein in dieser Sache bin ich nicht die Hauptperson, sondern nur eine Art von Sachwalter, oder um in der eigentlichsten Sprache zu reden, der Kuppler.

Charlotte. Gut, mein Herr.

Tausendlieb. Gut, Madame, wenn sie die Rolle einer vornehmen Frau nur eine halbe Stunde lang spielen können; so wird es hernach, wie ich hoffe, in ihrer Macht seyn, diese Rolle Zeitlebens fortzusetzen.

Charlotte. Was? haben sie vielleicht gar einen vornehmen Herrn zu verhandeln?

Tau-

Tausendlieb. Nein, aber ich habe etwas, das mancher vornehmer Herr gerne zu verhandeln haben möchte. — Ich habe ein großes Vermögen für sie, und noch etwas dabei, was manche vornehme Dame zu verhandeln hat.

Charlotte. Und was ist das?

Tausendlieb. Einen Narren.

Charlotte. O! da wird's ihnen an Kunden nicht fehlen: allein wir beyde werden nicht übereinkommen: denn ich finde, daß wir mit der nemlichen Waare handeln.

Tausendlieb. Meiner ist ein männlicher Narr, Madame.

Charlotte. Und meiner auch, Herr — aber still davon; denn ich will ihn jeder geben, die ihn nehmen will. Das Vermögen bekümmert mich am meisten. Kennen sie jemanden, dessen Händen ich zehn tausend Pfund anvertrauen könnte?

Tausendlieb. Ey, spasse nicht! — Wolten sie mitkommen und ihre Rolle gut spielen; so sollen sie in zwo Stunden viermal so viel in ihrem Besitze haben. Ich will ihnen einen Mann
ver-

verschaffen, der zwo große Ehestands-Eigenschaften hat; er ist reich und ein Narr.

Charlotte. Und wie nennt er sich?

Tausendlieb. Sein Name thut nichts zur Sache. Wollen sie einen reichen Narren zum Manne haben, oder nicht, Madame? — Das muß ein pöbelhaftes Mensch seyn, weil sie noch lange Anstand nimmt.

Charlotte. Nein, mein Herr, ich brauche keine Reichthümer, und ich hasse einen Narren.

Tausendlieb. Ihr Diener, also. Da muß ich eine andre suchen, die Lust hat. Wenn ich nur die Zeit hätte, ich wollte manche vornehme Dame finden, die gerne Madame Wandel werden möchte.

Charlotte. Ha! warten sie; (für sich) vielleicht ist dies ein glücklicher Zufall, zum wenigsten kann er lustig seyn; — Hätte ich gewußt, daß Herr Wandel der Mann wäre.

Tausendlieb. Ja, Herr Wandel ist es.

Charlotte. O Himmel! da kömmt mein Vater; er wird mich entdecken.

Tausendlieb. Kommen sie Madame, wir haben keinen Augenblick zu verlieren. Kommen sie in meine Behausung, ich will sie unterrichten.

Charlotte. Mein Herr, ich habe eine so gute Meynung von ihrer Ehre, daß ich mich ihnen anvertrauen will.

Tausendlieb. Madame, meine Ehre ist ihnen ganz unendlich für ihr Zutrauen verbunden.

(gehen ab)

Sechster Auftritt.

Standhaft. Der alte Wandel.

Standhaft. Vergeben soll ich ihnen? Man könnte eben so gut nach der gegenwärtigen Stellung eines Wetterhans urtheilen, wie er die nächsten vierzehn Tage stehen wird, als man aus dem, was sie jetzt denken, schliessen kann, was sie in einer Stunde denken werden. Eine Windmühle, oder ein Weiberherz sind Felsen, mit ihnen verglichen.

Alter Wandel. Ich gestehe, er hat mich wieder überredet. Verzeihen sie mir nur noch die-

Der Hochzeitstag. 83

diesesmal: ich will gleich meinen Buben holen, und die Sache in der größten Geschwindigkeit zu Ende bringen.

Standhaft. Hm! Hm!

Alter Wandel. O! Sie können mich nicht tadeln. Wer wollte wohl seinen Sohn nicht an ein vornehmes Frauenzimmer verheyrathen?

Standhaft. Wer nicht wollte? Ich wollte es nicht, Herr. — Wenn ich mich entschlossen hätte, meine Tochter einem Schuhflicker zu geben, Herr, ich würde meine Entschliessung nicht ändern, und wenn auch meine Tochter mit dem teutschen Kayser zu Bette gehen könnte.

Alter Wandel. Herr Standhaft, alle Menschen sind nicht so feste in ihrem Entschluße, als sie sind.

Standhaft. Desto mehr Schande für sie, Herr; ich gehe jetzt in mein fünfzigstes Jahr, und habe noch in meinem Leben meinen Entschluß nicht gebrochen.

Alter Wandel. Ey, ey! ich bin einige Jahre älter, als sie sind, und habe noch in meinem Leben keinen Entschluß gefaßt.

F 2 Stand-

Standhaft. Da kömmt ihr Sohn, Herr; ich will meine Tochter vorbereiten. Aber hören sie, was ich sage: fassen sie eine Entschliessung; und veråndern sie noch einmal ihren Sinn, ehe die Heyrath geschehen ist, so soll nie etwas daraus werden. Das bin ich entschlossen.

Siebender Auftritt.

Der alte Wandel. Der junge Wandel. Herzstårk.

Alter Wandel. Geschwinde, Jakob, komm mit mir: der alte Herr Standhaft und ich sind endlich noch übereingekommen.

Wandel. Wollen sie Sr. Herrlichkeit in seiner Erwartung betrügen?

Alter Wandel. Sage mir nichts von Sr. Herrlichkeit: ich bin entschlossen, dich diesen Augenblick zu verheyrathen, und das soll geschehen.

Herzstårk. O verdammt!

Wandel. Theurer Herr Vater —

Alter Wandel. Ich sage dir, ich habe einen Entschluß gefaßt, und so folge mir, wenn du meinen Seegen wünschest.

Wan-

Der Hochzeitstag.

Wandel. Herzſtärk, um des Himmelswillen! halten ſie ihn auf.

Herzſtärk. Zum Teufel! ich will ihn aufhalten, oder mein Leben dabei laſſen.

Achter Auftritt.

(Tauſendlieb's Wohnung)

Starrkopf (hernach) Tauſendlieb.
Charlotte.

Starrkopf. (allein mit einem Opernbuche in
der Hand) Ich kann der Meynung gar nicht
beipflichten, welche die Stadt von dieſer letzten
Oper hegt. Es iſt zu leicht für meinen Guſto.
Ich wünſche mir feyerliche, erhabene Muſik.
Aber der Henker hole ihren Geſchmack! ich ken-
ne kaum fünf Bedienten in der Stadt, die die
Fähigkeit haben, einen Unterſchied zu machen.
Die Schurken haben kein Ohr, keine Urtheils-
kraft. Landjunker ſchwätzen eben ſo gut davon.
Ich erinnere mich noch der Zeiten, da ſolches
Zeug keinen Beifall gefunden haben würde. Ach
das liebe Si caro, (er ſingt)

(Tauſendlieb und Charlotte treten herein)

Tausendlieb. He! he! musikalischer Herr Singer, die Stiege herunter! marsch!

Starrkopf. Ja, Herr. (geht singend ab)

Charlotte. Sie haben da einen sehr häßlichen Bedienten.

Tausendlieb. Ja, Madam. Jetzt sind sie, wo sie nichts mehr zu befürchten haben, sie brauchen also keine Maske mehr.

Charlotte. Gedult, mein Herr; ehe ich mich entdecke, muß ich ihnen einen Irrthum benehmen, den sie von meiner Person gefaßt zu haben scheinen. Zu erst müssen sie wissen, daß ich von guter Familie bin.

Tausendlieb. Ja, ja, gewiß eine Pfarrers Tochter, von sehr ehrlichen und rühmlichen Eltern entsprungen; mein Wort darauf! (bei Seite.)

Charlotte. Und worüber sie sich noch mehr wundern werden, ist, daß ich ein großes Vermögen besitze.

Tausendlieb. So! das würde mich in der That wundern. Aber jetzt nehmen sie die Maske ab, oder sie zwingen mich Gewalt zu brauchen, welches ich nicht gerne thue.

Char-

Der Hochzeitstag.

Charlotte. Sie versprachen mir höflich zu seyn, sonst würde ich mich nicht hieher gewagt haben. Ich versichre sie nochmals, ich bin ein ehrliches Mädchen, von gutem Stande.

Tausendlieb. Gut, Madame, wenn sie ein ehrliches Mädchen, und von guter Familie sind, so werden sie gewiß auch eine zu gute Seele haben, um böse darüber zu werden, daß ich mein Wort breche, und zu vielen Witz, um zu erwarten, daß ich es halten sollte. Ausserdem wo das Zutrauen nicht gebrochen wird, da wird auch das Versprechen nicht gebrochen. Sie glauben uns eben so wenig, wenn wir schwören, daß wir nicht grob seyn wollen, als wir ihnen glauben, wenn sie schwören, daß wir es sind. Kommen sie also, mein liebes, süßes Frauenzimmer von Familie, entlarven sie sich, denn ich eile meinem Freunde zu dienen, und möchte mir selbst doch auch gerne zuerst dienen.

Charlotte. Halten sie ein, mein Herr; sie wissen, daß sie nur Procurator sind.

Tausendlieb. Ja, aber ich koste allemal zuerst, was ich andern verschaffe, ehe ich es ihren Händen überlasse. Madame, sie widerstehen umsonst, also mein lieber künstlicher Mohr, enthülle dich.

Charlotte. Hören sie zuerst meine Geschichte.

Tausendlieb. Ich will erst das Titelblatt davon sehen.

Charlotte. Sie müssen wissen, daß ich ein ehrliches Frauenzimmer in dem strengsten Verstande —

Tausendlieb. Ihre Geschichte hat einen jämmerlichen Anfang.

Charlotte. Und zu gleicher Zeit in den betrübtesten Umständen von der Welt bin; denn heute soll ich an einen Mann verheyrathet werden, den ich verabscheue. Wenn itzt der Herr Tausendlieb Mittel ausfinden kann, mich von diesem unhöflichen Ritter zu befreyen, so weiß ich nicht, wie weit meine Großmuth ihn belohnen wird. Ich verzeihe ihnen gerne den Verdacht, den sie auf mich geworfen haben; die Art, wie sie mich gefunden, rechtfertiget es vollkommen. Allein ich versichre sie, dies Abentheuer ist das einzige, das meinem guten Namen schaden kann: im übrigen bin ich das ein-

zige

Der Hochzeitstag.

zige Kind eines reichen alten Vaters, und kann meinen Mann glücklich machen.

Tausendlieb. Einen Mann, Madame!

Charlotte. Ja, so reich, als es der Herr Tausendlieb wünschen kann. Glauben sie aber ja nicht, daß es meine Absicht sey, aus ihnen einen Mann zu machen; das hieße boshafterweise eine gemeine Weide einschliessen wollen, die dem ganzen schönen Geschlechte zugehört.

Tausendlieb. Zum Henker, wer kann sie seyn?

Charlotte. Sie hegen in der That eine seltsame Meynung von sich, wenn sie sich einbilden, an eben dem Morgen, da sie dem Rachen einer armen Buhlerinn entwischt sind, eine andre Geliebte mit zwanzigtausend Pfund in ihrer Tasche zu finden.

Tausendlieb. Jeder Umstand, beym Himmel! Wer weiß, was das Glück mir hier schickt? was meine Reizungen mögen gewürket haben?

Charlotte. Was überlegen sie, mein Herr?

Tausendlieb. Ich denke eben nach, meine theure Schöne, was für ein besondrer Reiz in

F 5   mei-

meiner Person diese Eroberung gemacht haben kann.

Charlotte.. O, mein Herr, ein Zusammenfluß von Reitzen, ich versichre sie.

Tausendlieb. Theures Frauenzimmer!

Charlotte. Sie müssen wissen, mein Herr, daß ich fest entschlossen bin, nicht eher zu heyrathen, als bis ich einen Mann gefunden habe, der in meinen Augen keinen einzigen Fehler, und in den Augen andrer keine einzige Tugend besitzt. Denn ich halte die Schönheit in einem Manne für nichts anders als weibisches Wesen; die Mäßigkeit für Mangel an Geist und Muth; Ernsthaftigkeit für Mangel an Witz; und Beständigkeit für Mangel an fester Gesundheit.

Tausendlieb. Um also keinen Fehler in ihren Augen zu haben, muß man ein unverschämter, schlingelmäßiger, lüderlicher, herumfahrender —

Charlotte. Alle diese Eigenschaften liegen so angenehm in ihnen vermischt, mein süsser Herr — daß —

Tau-

Der Hochzeitstag.

Tausendlieb. Unterthänigster Diener, Madame.

Charlotte. Daß ich sie zu meinem Ritter bey dieser Unternehmung ausersehen habe, wo wir nur einen Weg vor uns haben. Ich muß mich einer Gefahr aussetzen, um einer andern zu entgehen; ich kann meinen Ehemann zu Hause auf keine bessere Art los werden, als daß ich einen andern Ehemann mit nach Hause bringe. Itzt, mein Herr, wenn sie den nemlichen unbezweifelten Glauben an mein Vermögen haben, den sie an meiner Schönheit hatten, so ist der Handel geschlossen — Senden sie nach einem Geistlichen, was weiter folgt, wissen sie selbst — (sie entlarvt sich) Sie sehen meine Verwirrung. Bilden sie sich im übrigen nur ja nicht ein, daß sie meine Erklärung etwas anderm zu verdanken hätten, als meiner abscheulichen Furcht einen Mann zu nehmen, der mir weniger als sie gefällt.

Tausendlieb. Ich bin ihnen unendlich verbunden, Madame, allein —

Charlotte. Allein! — nehmen sie Anstand?

Tau-

Tausendlieb. Madame, ich würde mich bey so viel Schönheit und Vermögen nicht lange besinnen, wenn ich nicht einem Freund Unrecht thun müßte. Besinnen sie sich, Madame; kennen sie niemanden, der mehr Recht auf dieses Glück hat? Wie glücklich würde diese Erklärung, die sie an mich wegwerfen, den Herzstärk machen?

Charlotte. Ich sehe itzt, daß ich sie in der That weggeworfen habe — (für sich) Ha! bekomme ich den Korb? Ich fange an ihn zu hassen, und mich selbst zu verachten. (bey seite)

Tausendlieb. Bey meiner Seele! ein schönes Frauenzimmer! Aber kann ich daran denken, meinen Freund zu beleidigen? Hol mich der Teufel, wenn sie nicht ausserordentlich reitzend ist! — Doch er ist mein Freund; — aber sie hat zwanzigtausend Pfund. — Gleichwohl wär' ich ein Schurke, wenn ich an sie dächte; das können mir so viele Millionen nicht bezahlen. (bey seite)

Neunter Auftritt.

Starrkopf. Die Vorigen.

Starrkopf. Ihr Gnaden, hier ist eine Dame!

Tausendlieb. Zum Teufel! eine Dame? Narr, Schaaf, Ochs, Esel! wie oft soll ich dir sagen, daß ich nie für zwo Damen zugleich zu Hause bin?

Starrkopf. Sie würden mich aufgehenkt haben, wenn ich sie gegen die Madame Klarinda verläugnet hätte.

Tausendlieb. Klarinda? O, entzückender Name! — (zu Charlotte) Meine Liebe, ich bitte, um der Sicherheit ihres guten Namens willen, treten sie in dieses Kabinet, bis ich eine überlästige Verwandtinn abgefertiget habe.

Charlotte. Verbergen sie mich, wo sie wollen; retten sie mich nur vor der Gefahr einer weiblichen Zunge — Ach! wenn ich nur diesmal mit Ehren durchkomme; ich will in meinem Leben dergleichen Wanderschaften nicht wieder unternehmen.

Tausendlieb. (er schließt sie in das Kabinet) So — itzt werde ich schon Mittel finden, dem Herzstärk wissen zu lassen, daß sie hier ist. O, wie entzückt mich die Hofnung ihn zu sehen, so gar da Klarinda vor meiner Thüre ist.

Zehnter Auftritt.

Tausendlieb. Klarinda (welche die Mad. Nützlich herein führt.)

Tausendlieb. Meine Klarinda! diese Gütigkeit ist so ausserordentlich —

Klarinda. So ausserordentlich wie deine Falschheit.

Tausendlieb. Können sie Sanftmüthige, so ungerechte Beschuldigungen machen? Können sie, die sie mich verlassen haben —

Klarinda. Suchen sie nicht sich zu entschuldigen — sie wissen, wie falsch sie gehandelt haben — nichts in der Welt, als ihre Treulosigkeit, hätte mich zu dem bringen können, was ich gethan habe.

Tausendlieb. Bey allem —

Klarinda. Verdammen sie sich nicht noch mehr — Ich kenne deine Falschheit, ich habe

sie

Der Hochzeitstag.

sie gesehen — deine Eydschwüre sind so eitel als boshaft — Glauben sie, daß ich noch dieses Zeugniß brauchte? (giebt ihm einen Brief)

Tausendlieb. Meinen Brief an die Lucina! Verdammter Zufall! und die hat der Klarinda ihren erhalten! doch ich muß es ausfechten. Hören sie dieses! hören sie! was sagen sie? meine Falschheit? meine? Da kein Stern am Himmel ist, der mich nicht, wie einen arcadischen Schäfer vom ersten Range, nach ihnen seufzen und wünschen gehört; mit mir verglichen ist die Turteltaube unbeständig; die Rose wird ihre Jahreszeit verändern und mitten im Winter blühen: die Nachtigall wird schweigen und der Rabe singen, ja selbst der Phönix wird einen Gatten kriegen, ehe ich, auffer ihnen eine andre Geliebte haben werde.

Klarinda. Wäre dies wahr gewesen, eher hätte die Natur sich verändern sollen, als ich mich.

Tausendlieb. O, sie wissen, daß es wahr ist; sie haben dies Herz zu lange gekannt; sie wissen, daß es keiner Unbeständigteit fähig ist.

Kla-

Klarinda. Du haſt eine Zunge, die ſelbſt Sirenen in ihr Verderben ſingen könnte; ſie würden eingeſtehen, daß deine Stimme reizender und falſcher ſey, als die ihrige. Es iſt ſo etwas Sanftes in deinen Worten, das der Härte deines Herzens gleich kommt.

Tauſendlieb. Und in dieſem Herzen iſt auch ſo etwas Sanftes.

Klarinda. Zurück! unternehmen ſie nichts wider meine Ehre — Wiſſen ſie, ſo lieb ſie mir geweſen ſind, ſo iſt mir doch meine Ehre lieber.

Tauſendlieb. Deine Ehre ſoll ſicher ſeyn — Weder der Tag, noch ſelbſt der Himmel ſoll Zeuge unſrer Freuden ſeyn.

Klarinda. Denken ſie nicht, die Furcht der Nachrede bewache meine Ehre — Nein, ich ſelbſt mögte nicht Zeuginn meiner Schande ſeyn.

Tauſendlieb. Das ſollſt du nicht. Wir wollen jedem ſpionirenden Sonnenſtrahl den Zugang verſchlieſſen, wir wollen der Sprache unſrer Augen entſagen; und köſtlichere Wege finden, unſre Seelen miteinander zu verwechſeln. Wir wollen unſre Sinnen zu einer ſolchen entzückenden Höhe

Der Hochzeitstag. 97

Höhe hinaufstimmen, bis sie solche wonnevolle, bezaubernde Freudentöne —

Klarinda. Oh! Tausendlieb. *(seufzt)*

Tausendlieb. Gieb diesen Seufzer meinem warmen Busen, daß er von da in mein Herz zittere, und dein Bild anfache — O! du bist allenthalben in mir. Meine Augen wünsten nur dich zu sehen, meine Ohren dich zu hören, und meine Gedanken an dich zu denken. Du liebtest, zärtlichstes, süßestes Geschöpfe — O wollte der Himmel mir ein anderes Elisium erschaffen, wollte er mir neue Welten voll Seligkeiten schenken: bey dir allein würde meine Seele sich verweilen, keine andre Welt, als dich kennen.

Vierter Aufzug.

Erster Auftritt.

(Standhafts-Haus.)

Standhaft und seine Bedienten.

Standhaft. Ist alles in Ordnung? haben alle Bediente die Livereen angezogen?

G   Be.

Bedienter. Ja, Herr, sie haben sie auf gewisse Art alle angelegt; der eine hat keine Taschen, der andre keine Aufschläge. Johann, der Kutscher will seine gar nicht anziehen.

Standhaft. So bitte Johann, den Kutscher von meinetwegen, daß er so gut sey und seine Person zu meiner Thüre herausfahre. Ich will meinen Bedienten zeigen, daß sie gekleidet werden um meiner Laune, nicht um der ihrigen zu gefallen.

Der Koch. Herr, es ist unmöglich das Abendessen um neun Uhr fertig zu machen.

Standhaft. So gieb mir's roh, und ungekocht. Wenn um neun Uhr das Nachtessen nicht auf dem Tische ist, so sollst du um zehen nicht mehr in meinem Hause seyn. Was sagst denn du, Keller, werde ich meinen Wein kriegen?

Keller. O, mein lieber gnädiger Herr, das kann nicht angehen. Ew. Gnaden haben ein Faß gezeichnet, das nicht zwey Jahre alt ist.

Standhaft. Muß ich denn deinen Gaumen oder meinen eignen zu Rathe ziehen? Muß ich dir Rechenschaft von meinen Handlungen geben? Ochsenkopf, neuer Wein ist am besten
für

Der Hochzeitstag.

für Hochzeiter. Fort mit dir, quäle mich nicht mehr mit unverschämten Einwendungen.

Zweyter Auftritt.

Standhaft. Der Advokat Beutelpresser.

Standhaft. Herr Beutelpresser, es ist mir sehr lieb, daß sie kommen; meine Bediente plagen mich so —

Beutelpresser. Die Gesetze sind zu milde, zu milde für die Bedienten, Herr Standhaft.

Standhaft. Nun, haben sie die Schriften mitgebracht?

Beutelpresser. Ganz fertig; es mangelt nur noch die Unterzeichnung der Partheyen. Das Vermächtniß ist so sicher und feste, als es Worte machen können: ich habe sie nicht gespart.

Standhaft. Ich erwarte jeden Augenblick den Herrn Wandel und seinen Sohn; durch ihre und des Geistlichen Hülfe wird alles in einer Stunde geendiget seyn.

(Ein Bedienter kommt.)

Bedienter. Hier ist ein Brief an sie, gnädiger Herr.

Standhaft. Sie werden mich entschuldigen, Herr Beutelpresser: (er liest) „Ich „bin endlich völlig entschlossen, meinen Sohn an „die andre Dame zu verheyrathen, so daß ich „alles zwischen uns verabredete, als nicht ge= „schehen, anzusehen bitte. Ich schämte mich „ihnen diesen Abschlag mündlich zu thun, habe „es also lieber durch einen Brief verrichten wol= „len. Ihr gehorsamster Diener
Thomas Wandel.„
Ja, ja, du darfst dich wohl schämen!

Beutelpresser. Etwas wichtiges von der andern Parthie?

Standhaft. Hölle und Teufel! (zum Bedienten) Geh und rufe die Madame; sie war Zeugin unsers Vertrag's. Ich will ihn verklagen.

Beutelpresser. Die Gerechtigkeit steht für jeden Beleidigten offen: es ist der schicklichste Weg Ersatz zu erhalten.

Bedienter. Herr, die Madame ist ausgegangen.

Standhaft. Was? ausgegangen? meine Frau ausgegangen? — Pest und Teufel! an ihrem
Hoch-

Hochzeitstage davon zu laufen! Wo ist sie hingegangen?

Bedienter. Das weis ich nicht, Herr.

Beutelpresser. Als ich hieher kam, sahe ich ihre Frau in der nächsten Straße in ein Haus gehen.

Standhaft. Zeigen sie mir gleich das Haus, lieber Herr Beutelpresser. Ich will sie nach Hause holen, ich bins entschlossen. Das ist eine schöne Zeit zum Heyrathen, wenn eine Frau an ihrem Hochzeitstage nicht mehr zu Hause bleiben kann.

Dritter Auftritt.

(Tausendliebs Haus.)

Tausendlieb. Klarinda.

Tausendlieb. Grausame Klarinda — An dem Rande der Glückseligkeit wieder umzukehren; meiner entzückten Seele die Aussicht eines Elysiums zu zeigen, und dann dessen Genuß zu versagen!

Klarinda. Mit wie viel mehr Recht darf ich mich über sie beklagen! Ach, Tausendlieb! hast

haſt du mich nicht, ſelbſt an dem Tage, da unſre Heyrath feſtgeſetzt war, verlaſſen?

Tauſendlieb. Der Himmel weis, mit welchem Widerwillen! Nichts als die Furcht ſie elend zu machen, hätte mich dazu zwingen können.

Klarinda. Das iſt doch eine ſeltſame Liebe, die ihren Gegenſtand elend macht, aus Furcht es zu werden. Nein, ein Herz, welches das beſitzt, was es liebt, kann nie elend ſeyn.

Tauſendlieb. O! laß dieſes für mich ſprechen, und fliſpre deinem zärtlichen Herzen —

Vierter Auftritt.

Starrkopf. Die Vorigen.

Starrkopf. O Herr! Unglück, Tod!

Tauſendlieb. Was giebt's!

Starrkopf. O, der Herr Standhaft iſt drunten, mit noch einem Herrn; er ſchwört, ſeine Frau ſey in dem Hauſe, und will ſie haben.

Klarinda. Ich werde in Ohnmacht ſinken.

Tau-

Tausendlieb. (für sich) Was ist zu thun — in dem Kabinette steckt eine andre, die sie nicht sehen muß —

(er läuft nach dem Kabinet und kehrt zurück.)

Starrkopf. Herr, er wird gleich die Stiege herauf kommen.

Klarinda. O Himmel! (sie fällt in einen Stuhl)

Tausendlieb. Schlingel sey bey der Hand, und helf mir lügen. Ihre Furcht flößt mir das einzige Mittel zu ihrer Erhaltung ein. Geschwinde meinen Schlafrock und meine Mütze — Fort auf deinen Posten — Madame, stellen sie sich todtkrank. — So! stille, stille, was ist das für ein Geräusch?

Fünfter Auftritt.

Standhaft. Beutelpresser. Die Vorigen.

Standhaft. Wo ist dieses gottlose, schlechte, herumwandernde Weib? Wo bist du Hexe, die du an deinem Hochzeitstage von deinem Manne wegläufst?

Tausendlieb. Halten sie ein, mein Herr, sie dürfen die Dame nicht beunruhigen.

Standhaft. Nicht beunruhigen — Herr?

Tausendlieb. Nein, Herr.

Standhaft. Warum nicht: wer sind sie?

Beutelpresser. Herr Standhaft, erlauben sie mir zu reden; Herr, sie mögen seyn, wer sie wollen, sie wissen doch kaum, was sie thun. Wissen sie, Herr, daß diese Frau eine Ehefrau ist, und wissen sie, was darauf erfolgt, wenn man eine solche, ohne vorher gebetene und wirklich erhaltene Einwilligung ihres Mannes, bey sich behält? Herr Standhaft, sie haben eine so gültige Klage wider diesen Herrn, als man sich nur wünschen kann. In Weibersachen geben die Geschwornen heutzutage große Entschädigung.

Tausendlieb. Ist diese Dame ihre Frau, mein Herr?

Standhaft. Ja, Herr, zu meinem äußersten Gram und Leidwesen.

Tausendlieb. Gut, sie haben also mir ihr Leben zu verdanken; denn wenn nicht unmittelbare Hülfe da gewesen wäre, so hätte sie das ganze Kollegium nicht retten können.

Stand=

Standhaft. Wie kam sie hieher, in's Teufels Namen?

Tausendlieb. Durch einen höchst wunderbaren Zufall — Dichte vor meiner Thüre fiel sie in eine Ohnmacht. Zum großen Glück war eben mein Bedienter zugegen — Starrkopf, erzehle dem Herrn, wie du die Dame zu mir heraufgebracht hast, als du sie vor meiner Thüre niedersinken sahst.

Starrkopf. Ich stand, Herr, wie mein Herr sagt, vor der Thüre und stöherte meine Zähne, als die kranke Dame, die da in dem Stuhl sitzt, wie mein Herr sagt, auf den Boden fiel, wie mein Herr sagt; und so nahm ich sie in meine Arme und brachte sie herauf, und setzte sie in den großen Stuhl, und rief meinem Herrn, der sie, wie ich glaube, so gut wie irgend ein Doktor in England, wieder heilen kann: obschon ich es sage, der ich nur ein armer Bedienter bin; er ist der geschickteste Arzt in dieser Art von fallenden Krankheiten.

Beutelpresser. Ich sahe von allem diesem nichts, als sie in's Haus gieng, und dieser Kerl ist ein guter Zeuge, oder ich muß mich irren.

Klarinda. O Himmel! wo bin ich!

Standhaft. Wo du bist? — nicht, wo du seyn solltest — zu Hause bey deinem Manne.

Klarinda. Meines Mannes Stimme! Herr Standhaft, wo sind sie?

Tausendlieb. Treten sie näher, mein Herr, itzt dürfen sie ihr so nahe kommen, wie sie wollen.

Standhaft. Was fehlt dir?

Klarinda. Ich weiß es selbst nicht; es ward mir auf einmal so schwindlicht, alles schien vor meinen Augen zu schwimmen und zu tanzen.

Standhaft. Das hast du dir selber zu verdanken; warum bleibst du nicht zu Hause? — Ist diese schwindlichte, schwimmende, tanzende Krankheit bald vorüber?

Klarinda. Nicht ganz; aber es ist mir viel besser.

Tausendlieb. Noch nie ist mir das Specificum Basilicum Magnum fehlgeschlagen; es ist wirklich ein Universal-Nostrum.

Standhaft. Herr, es freuet mich, daß sie von einem Nostrum sprechen, ich vermuthe daher, daß sie kein regelmäßig doktorisirter Arzt

Der Hochzeitstag.

Arzt sind; das ist eine Gattung Leute, die ich entschlossen bin, nie zu brauchen.

Tausendlieb. Herr, ich habe keinen Gradum auf irgend einer Universität angenommen.

Standhaft. Sie sind mir desto lieber.

Tausendlieb. Und sie sind ein Mann von Verstand, mein Herr. Die Universität ist der schlechteste Ort, einen Arzt zu bilden. Da gewöhnt man sich an die eingeschränkte Methode nach den Vorschriften etlicher Alten seine Bemerkungen zu machen. Nicht einer unter fünfzig wird je einen kühnen Streich wagen. Ein Quacksalber, mein Herr, ein Quacksalber ist der einzige Mann, der ihnen auf einmal von ihren Schmerzen hilft. Ein regelmäßiger Arzt ist wie das Kanzeley-Gericht, er ermüdet die Geduld des Kranken, und verzehret sein Vermögen, seine Kräfte, noch ehe er den Proceß zwischen ihm und der Krankheit entscheidet.

Standhaft. Komm, meine Frau, jetzt wirst du doch wohl wieder im Stande seyn nach Hause zu gehen, zum wenigsten dich tragen zu lassen?

Tau-

Tausendlieb. Herr, die Luft ist sehr gefährlich, lassen sie sie lieber noch eine Zeitlang hier.

Standhaft. Herr, ich bin entschlossen, daß sie nach Hause gehen soll, geschehe, was da wolle. Herr Doktor, hier ist etwas für ihre Bemühung. Ich danke ihnen für ihre Sorgfalt. — Wie ist es jetzt, Frau?

Klarinda. O! unendlich besser.

Tausendlieb. Ein Wort in's geheim, mein Herr; ich hörte sie sagen, heute wär ihr Hochzeitstag — (flistert ihm in's Ohr) So lieb ihnen die Gesundheit ihrer Frau, ja ihr Leben ist — bei Leibe nicht —

Standhaft. Fürchten sie nichts — Komm, mein Kind; kommen sie, Herr Beutelpresser! Herr Doktor, ihr Diener!

Tausendlieb. Erlauben sie mir, die Dame an ihre Sänfte zu führen.

Standhaft. Ba! ba! ich hasse alle Ceremonien, bleiben sie da — (er stößt den Tausendlieb zurück und geht mit seiner Frau und Beutelpresser ab)

Tau.

Der Hochzeitstag.

Tausendlieb. So! für dießmal ist's gut abgeloffen.

Starrkopf. Auch mir gebühret Dank; denn ich habe recht hübsch gelogen.

Tausendlieb. Bist du deswegen schon eitel auf deine Verdienste, Schlingel? habe ich dir nicht den Weg gezeigt?

Charlotte. (klopft an die Thüre) Herr Doktor, Herr Doktor!

Tausendlieb. Mache dich fort, suche den Herzstärk, und bring' ihn gleich hieher. Um Vergebung, meine schöne Gefangene, daß ich sie so lange eingeschlossen gehalten habe.

Charlotte. O, keine Entschuldigungen, mein Herr; Patienten müssen bedient werden. Aber sagen sie mir, Herr Doktor, sind sie nicht auch in der Casuisterey erfahren? Rathen sie mir einmal, was ich in dieser Sache thun soll; soll ich zugeben, daß sie bei meinem Vater einen so vortreflichen Arzt gelten?

Tausendlieb. O, Madame, da braucht man eben nicht ein großer Casuistel zu seyn, um einem jungen Mädchen zu rathen, wie es in diesem Fall handeln soll; allezeit nach den

Vor-

Vorschriften eines guten Herzens, Madame! Ihr Vater soll auch nicht betrogen werden, denn ich will mir den nemlichen Ruhm bei ihnen erwerben, wenn sie nur mein Recept nehmen wollen; ich will ihnen eines verschreiben, das sie von allen Krankheiten heilen soll.

Charlotte. Und was ist denn dieses für ein unfehlbares Nostrum? Es ist mir bange, daß es nicht gut schmecken möchte.

Tausendlieb. Ganz umgekehrt: viele Damen nehmen es blos wegen seines guten Geschmacks.

Charlotte. Und was ist es denn?

Tausendlieb. Nichts weiter, als ein sehr schöner, artiger Kerl von meiner Bekanntschaft.

Charlotte. Und gleicht denn dieser schöne, artige Kerl von ihrer Bekanntschaft auch einem gewissen Arzt von meiner Bekanntschaft?

Tausendlieb. Nein; wenn das wäre, so hätten sie längst das Nostrum genommen.

Charlotte. Hm! Das wäre eben auch noch nicht gewiß. Herr Doktor, sie sind wohl ein eben so großer Quacksalber in der Liebe,

wie

wie in der Arzneikunst; sie rühmen sich gewiß in beiden mehr Geschicklichkeit, als sie wirklich haben. Ach! wenn ich es der Mühe werth achtete, ich wollte den wilden Herrn Doktor so herum führen —

Sechster Auftritt.

Herzstärk. Die Vorigen.

Herzstärk. Ach! Tausendlieb, ich habe auf sie gewartet. Ha! —

Tausendlieb. Sie mögen nun auf mich gewartet haben oder mich gesucht haben, mir ist es lieb, daß sie kommen; denn ich muß sie um etwas bitten, das sie durchaus nicht abschlagen müssen. Madame, schauen sie ihm kühn in's Gesicht; wir werden gewiß unsre Absichten erreichen.

Charlotte. Was für eine Absicht, mein Herr?

Tausendlieb. Kurz, mein Freund, dieses junge Frauenzimmer hier hat mich gebeten, dich in ihrem Namen um Verzeihung zu bitten; sie hoft zuversichtlich Vergebung wegen allen

allen ihren ſchlechten Begegnungen, ihrem kleinen Leichtſinn und Stolz, wozu ſie die Thorheit der Jugend, und die Eitelkeit der Schönheit verleitet haben: und verſpricht getreulich, ja, ich will Bürge für ſie ſeyn, daß wenn ſie ſo grosmüthig ſind, ihr das Vergangene zu vergeben, ſie inskünftige nie wieder zu beleidigen.

Charlotte. Unausſtehliche Unverſchämtheit!

Tauſendlieb. (zu Herzſtärk) Ja, ihre unausſtehliche Unverſchämtheit wird, wie ſie hoffet, überſehen werden, denn ſie kennt ihre unendliche Gütigkeit und ihre Sanftmuth: ſie ſchmeichelt ſich, daß ſie einem leichtſinnigen, muntern, wilden jungen Mädchen, die noch nicht Verſtand genug hat, die aufrichtige Liebe eines Mannes von Verſtande und Ehre nach Würden zu ſchätzen, etwas zu gute halten werden.

Charlotte. Das iſt unausſtehlich!

Tauſendlieb. Ja, ja, ſo denke ich auch. Ich muß die Härte ihres Herzens verdammen, das gegen ſo viele Buße einer beleidigenden Geliebten unempfindlich bleibt: ſie iſt freylich ſo

ſchlimm

Der Hochzeitstag.

schlimm als möglich gewesen, doch ihre Thränen der Reue machen alles wieder gut.

Herzstärk. Ich träume; denn du, mein Freund, wirst mir gewiß kein Blendwerk vorspielen. Madame, darf ich mich unterstehen zu glauben, daß meine Leiden, wenn sie auch zehntausendmal so groß gewesen wären, endlich ihr Herz gerührt haben.

Charlotte. Dank sey meinem Gestirne, itzt bin ich wieder ruhig.

Herzstärk. Es ist nicht möglich, daß ich wache. Sie können nicht so viele Gütigkeit besitzen, meine kleinen Dienste so unendlich über ihren Werth zu schätzen. O! sie sind zu gütig! ich habe nicht halb genug gethan, nicht halb genug gelitten.

Tausendlieb. Der Teufel hole deine Großmuth! leide meinetwegen bis in alle Ewigkeit.

Herzstärk. Ich verdiene itzt tausendmal mehr ihr Mitleid, als jemals. Diese Verschwendung von Güte überwältiget mein Herz.

Tausendlieb. Nicht ein Haar weiter, als gerechte Schuld; sie ist ihnen alles schuldig.

Herzſtärk. O Tauſendlieb, bey unſrer Freundſchaft, halt ein!

Charlotte. Nein, laſſen ſie ihn fortfahren. Ich ſchäme mich gar nicht zu bekennen, daß ich des Herrn Herzſtärk Schuldnerinn bin.

Tauſendlieb. Ja?

Charlotte. Sie haben zwar meinen Auftrag überſchritten und mehr geſagt, als mir vielleicht meine Halsſtarrigkeit erlaubt hätte; doch will ich dies bekennen: mein Verfahren gegen den Herrn Herzſtärk hat ſeinen Verdienſten keineswegs entſprochen.

Tauſendlieb. Fahren ſie fort, Madame, fahren ſie fort: Sie haben in ihrem Leben nicht halb ſo viel Wahrheit geredet.

Siebender Auftritt.

Der alte Wandel. Der junge Wandel.
Die Vorigen.

Alter Wandel. Mylord, ich habe eine ganze Stunde auf Ew. Herrlichkeit gewartet; wenn mein Sohn Jakob nicht geweſen wäre, ich hätte ſie nie gefunden.

Tau-

Der Hochzeitstag.

Tausendlieb. Ein besondres Geschäfte hat mich abgehalten; ich bin aber itzt zu ihren Diensten.

Alter Wandel. Jakob, ist nicht das deine vormalige Geliebte, die Miß Standhaft? O, ja! das ist sie. Was mag sie hier thun?

Junger Wandel. Wenn sie nur nicht gekommen ist, meine Heyrath mit Mylord's Schwester zu stöhren.

Alter Wandel. Du' hast es getroffen, Jakob, du hast es getroffen; das will ich gleich versuchen. Mylord, mein gnädiger Lord —

(Sie reden besonders)

Herzstärk. Dies ist so eine ausserordentliche Güte. Sie beurtheilen ihren kleinen Leichtsinn in der That zu hart: Frauenzimmer, die nicht die Hälfte ihrer Schönheit und Verdienste besitzen, begehen täglich grössere Fehler. Erlauben sie mir zu denken, daß sie mich nur in Versuchung führen wollen.

Charlotte. Gut; allein was für Recht hätte ich zu dieser Versuchung, da es nie eine Absicht gewesen ist, meinem Vater zu ungehorsamen, und es auch nie kann?

Herzstärk. Ha! niemals können?

Charlotte. Der Himmel verhüte, daß ich je meine Pflicht gegen meinen Vater vergesse! Haben sie denn alle diese Entschuldigungen von dem Herrn Tausendlieb anders verstanden, als daß ich ungeachtet aller ihrer Verdienste, doch meinem Vater gehorchen und diesen jungen Herrn nehmen muß?

Herzstärk. O, verdammt!

Alter Wandel. So, Madame, so! aber es giebt mehr als einen Vater, dem gehorcht seyn will. Mein Sohn, Madame, ist das Eigenthum eines andern Frauenzimmers, und ich denke, ich habe ein eben so gutes Recht auf meinen Sohn, als der Herr Standhaft auf seine Tochter. Das ist schön, in Wahrheit; man will mir meinen Sohn stehlen, und ihn verheyrathen, ich mag wollen oder nicht.

Junger Wandel. Ja, Madame, es ist hart, daß sie mich mit Gewalt haben wollen, ich mag wollen oder nicht.

Charlotte. Wirklich?

Alter Wandel. Ja, wirklich, Madame: es soll mir leid thun, wenn ihnen ihre Erwartungen fehl

fehl schlagen; allein da ich ihnen meinen Sohn versprach, war er schon ohne mein Vorwissen mit der Schwester des Lord Wahrlieb versprochen. War es nicht so, Mylord? Gewiß, Madame, sie werden doch nicht einem andern Frauenzimmer seine Rechte rauben wollen?

Charlotte. Mein Herr, wenn's gefällig ist, mein geehrter Herr! mein lieber Schwiegervater, der es werden sollte, ein Wort mit ihnen.

Alter Wandel. So viel sie wollen, Madame, aber nur nichts vom Schwiegervater.

Charlotte. Meinem Vater zu gehorchen, hatte ich zwar gewilliget ihren Sohn als Ehemann anzunehmen: itzt aber danke ich ihnen für ihren gütigen Korb, weil der junge Herr, ihr Sohn ein Mann ist, für den ich, seit ich die Ehre seiner Bekanntschaft genieße, die erstaunlichste, unüberwindlichste und unendlichste Verachtung hege.

Junger Wandel. Verachtung für mich?

Alter Wandel. Verachtung für meinen Jakob.

Charlotte. Es würde also sehr undankbar seyn, wenn ich einen solchen Wohlthäter, wie sie sind, in einer Sache betrügen wollte, die ihn so nahe angeht. Dieser Herr, mein Herr, ist kein Lord und hat keine Güter.

Alter Wandel. Wie, Jakob, ist das kein Lord?

Junger Wandel. Ja, Herr, darauf wollte ich schwören.

Charlotte. Er hat es angestellt ihren sinnreichen Sohn mit irgend einem gemeinen Stadtmensch zu verheyrathen. Itzt überlasse ich es ihnen die Heyrath zu vollziehen, und bin, meine Herrn, ihre unterthänige Dienerin. (ab.)

Achter Auftritt.

Die Vorigen.

Herzstärk. Tausendlieb, ich danke dir für die gehabte Bemühung; da aber die Sache itzt nicht mehr verdient, daß ich sie weiter verfolge, so will ich dich auch deines lästigen Titels entledigen, und diesem Herrn seinen Irrthum benehmen. Mein Herr, ihr Sohn ist wieder frey; sie können ihn

Der Hochzeitstag.

ihn, wenn sie wollen, an die Dame verheyrathen, die eben weggegangen ist.

Tausendlieb. Es thut mir herzlich leid, mein Herr, daß ich keine Schwester für ihren Sohn habe.

Alter Wandel. Sind sie denn kein Lord?

Tausendlieb. Nein, zu meinem Leidwesen?

Alter Wandel. Warum bin ich denn angeführt worden? (zum jungen Wandel) Und warum schlägst du dich mit zu der Verrätherey? Wolltest du deinen Vater betrügen?

Junger Wandel. Ich? gar nicht. Man hat mich bey der Nase herumgeführt, wie sie. Ich hielte ihn für einen Lord; denn ich kann keinen Lord vor einer andern Person abkennen, als an seiner Kleidung. Tadeln sie mich nicht, Herr Vater.

Alter Wandel. Nun Jakob, laß es gut seyn; ich table dich auch nicht; ich weiß, du bist ein guter Bube, und ein artiger, feiner Herr. Komm mit mir, ich will den Herrn Standhaft noch einmal besuchen, und versuchen, ob noch was auszurichten ist. Kann ich ihn zufrieden

frieden stellen, so steht noch alles gut. Was hatte ich mit Lords zu schaffen? Wir Landleute kommen immer dabey zu kurz.

Neunter Auftritt.

Tausendlieb. Herzstärk.

Tausendlieb. Komm, Herzstärk, sey nicht so ernsthaft bey der Sache; ich getraue mir zu behaupten, daß deine Geliebte noch sicher die Deinige wird.

Herzstärk. Hol sie der Henker! sprich nicht weiter davon: ich würde mich selbst eben so, wie den Narren verachten, der eben weggeht, wenn ich fähig wäre, ihr zu vergeben. Nein, glaube mir, Tausendlieb, sollte sie itzt anfangen, die Rolle zu spielen, und sich alle die Mühe zu geben, wie ich vorhin gethan habe, alles wäre fruchtlos.

Tausendlieb. Bist du denn gegen einige kleine buhlerische Flüchtigkeit und Leichtsinn so aufgebracht? Die Mädchen lernen das alles von ihren Müttern und Säugammen, um unsre Liebe oder vielmehr unsre Geduld auf die
Probe

Der Hochzeitstag.

Probe zu stellen, da indessen sie selbst vielleicht weit mehr dabey leiden.

Herzstärk. Allein, ist sie mir nicht wie einem Hunde begegnet.

Tausendlieb. Gewiß!

Herzstärk. Hat sie nicht mit meiner Liebe mehr Scherz getrieben, als ein ehrlicher Kerl ausstehen kann?

Tausendlieb. Alles wahr, sehr wahr.

Herzstärk. Hat sie nicht besonderes Vergnügen daran gefunden mich lächerlich zu machen?

Tausendlieb. Nur zu wahr! und da ich sehe, daß sie es itzt ertragen können, so will ich ihnen sagen, daß sie von ihr mißhandelt worden sind, daß sie mit ihnen den äussersten Scherz getrieben, sie ausgelacht, und bey der Nase herumgeführt hat.

Herzstärk. Halten sie ein, Tausendlieb, sie klagen sie mit Unrecht an; ich kann nicht sagen, daß sie mich bey der Nase herumgeführt hätte.

Tausendlieb. Hol sie der Henker! denken sie nicht mehr daran; sie hätten Unrecht ihr zu verzeihen.

Herz.

Herzstärk. Ja, verzeihen kann ich ihr; es wäre niederträchtig ihr nicht zu verzeihen. Ja, ja, ich will ihr alles verzeihen.

Tausendlieb. Nun, so thun sie es, und denken sie nicht weiter an sie.

Herzstärk. Das will ich auch: es ist ganz unmöglich so viele schlechte Begegnungen blos einigen kleinen flüchtigen Jugendfehlern beyzumessen; denn könnte ich das glauben — —

Tausendlieb. Und doch haben tausend Frauenzimmer — —

Herzstärk. Ganz wahr, mein liebster Freund: tausend Frauenzimmer haben ihren Liebhabern weit schlimmere Streiche gespielt, und sind hernach doch vortrefliche Weiber geworden. Es ist ehe der Fehler ihrer Erziehung, als ihrer Natur: man müßte ja ein Erzflegel seyn, der nicht etwas dergleichen in dem Verfahren seiner Geliebten übersehen wollte, besonders, wenn sie so jung und so schön ist, wie die Charlotte. Denn erlauben sie mir, ihnen zu sagen; an vielen Fehlern der Frauenzimmer ist die Menge der Schmeichler Schuld, an denen es der Schönheit nie mangelt. Ausserdem müssen

Der Hochzeitstag. 123

sen sie eingestehen, daß eine gewisse gute Laune immer ihre Fehler begleitet, so, daß es einem unmöglich ist bös darüber zu werden.

Tausendlieb. Mir scheint sie in der That keine andre Fehler zu haben, als die aus ihrer Jugend, Schönheit und guter Laune entspringen: aus dieser Ursache, denke ich, daß sie ihr vergeben müssen, besonders, wenn sie darum bittet.

Herzstärk. Darum bittet? O! mein Freund, könnte ich ihr was abschlagen?

Tausendlieb. Gut, gut! dazu wollen wir sie schon bringen; oder zum wenigsten, daß sie so aussehen soll, als wenn sie darum bäte, und sie wissen, daß das Aussehen, oder die Blicke, die Sprache der Liebe ist.

Herzstärk. Wie kam sie aber diesen Nachmittag in ihr Haus?

Tausendlieb. Ha, du Einfalt, bist du eifersüchtig?

Herzstärk. Nein, bey meiner Treue nicht: wäre ich auch dazu geneigt, so würde ich es hier nicht seyn können, weil sie mich haben holen lassen.

Tau-

Tausendlieb. Komm, Freund, wir trinken eine Flasche Wein miteinander, da will ich dir alles erzehlen: obschon ich dir eines Frauenzimmers Geheimniß anvertrauen muß (ich könnte dir alle Geheimnisse anvertrauen, nur deiner eignen Geliebten ihre nicht.) Fasse Muth, Herzstärk: was sind denn deine Unglücksfälle, wenn du sie mit den meinigen vergleichest? Ich habe gegen einen Ehemann zu streiten; einen verdammten rechtmäßigen Tyrannen, der unter dem Schutz der Gesetze die Reitzungen einer Frau rauben und plündern kann. Sein Alter ist alle meine Hofnung, all mein Trost; und doch thut es mir wehe, daß meine blühende Frucht durch so einen alten Schurken zerfleischt werden muß, der keine Zähne mehr hat, um auf den Kern zu kommen.

Fünfter Aufzug.

Erster Auftritt.

(Lucina's Zimmer.)

Lucina. (mit einem Brief in der Hand)

Lucina. Soll ich diesem Meyneidigen noch einmal schreiben? Wozu kann es helfen? Kann ich ihm mehr Vorwürfe machen, als ich schon in dem Brief gesagt, den er mir so verächtlich zurückgeschickt hat? Vielleicht war ich zu hart? Ich will ihn noch einmal lesen. Ha! was sehe ich? — Ein Brief von einem andern Frauenzimmer! Klarinda Standhaft? O, Niederträchtiger! denkst du, es fehle mir noch an Zeugnissen deiner Falschheit?

Zweyter Auftritt.

Madame Intrigue. Lucina.

Lucina. O, Intrigue! hier mache ich solche neue Entdeckungen! der Brief, den sie mir zurück gebracht haben, ist nicht der meinige: er
ist

ist von einer Nebenbuhlerin, die eben so unglücklich ist, als ich es bin.

Intrigue. Und itzt bringe ich ihnen Nachricht von einer glücklicheren Nebenbuhlerin, als sie sind, wenn anders der Besitz eines Lüderlichen Glückseligkeit ist. Kurz, Tausendlieb heyrathet die Tochter des Herrn Standhaft.

Lucina. Ha! den Namen hörte ich, als ich in seiner Wohnung war. Er hat seine Frau verführt, und itzt will er die Tochter nehmen. Hier finde ich eine Gelegenheit mich zu rächen, die ich schwerlich besser hätte wünschen können. Aber, liebe Intrigue, woher haben sie diese Nachricht?

Intrigue. Als sie mich zurück zum Tausendlieb schickten, da zankte ich mit seinem Bedienten, der mir den Eintritt verwehren wollte; in diesem nemlichen Augenblick rutschte eine schöne, junge Dame in einer Sänfte bey mir vorbey: ich bestach den Bedienten mit einer Guinee, und dieser entdeckte mir, daß sie Standhaft hieße, daß sie sehr reich wäre, und an seinen Herrn verheyrathet werden sollte; sie wohnt in der Großrenorstraße.

Lu-

Der Hochzeitstag.

Lucina. Liebe, theure Intrigue, vermehren sie alle ihre Gütigkeiten noch durch eine andre. Ueberreichen sie ihr diesen Brief: es kann vielleicht ein junges Mädchen vom Verderben retten.

Intrigue. Vermuthlich einer von Tausendliebs Briefen an sie. Aber umsonst, dies wird ihn nur noch mehr bey ihr empfehlen; denn sie bekömmt dadurch Anlaß über eine Nebenbuhlerin zu siegprangen.

Lucina. Das thut nichts: den unerfahrenen Reisenden vor der Klippe zu warnen, an der wir selbst gescheitert sind, ist unsre Pflicht. Wenn dies ohne Wirkung ist, so sey ihre Uebereilung ihre Strafe.

Intrigue. Folgen sie meinem Rath, und denken sie nicht weiter an ihn.

Lucina. Als eine Liebende will ich nie an ihn denken. Erweisen sie mir nur noch diesen Gefallen, hernach will ich mich mit ihnen in das Kloster begeben, das sie wählen werden, und nichts mit den treulosen Männern mehr zu thun haben.

In-

Intrigue. Unter der Bedingung, daß sie nicht weiter an Tausendlieb denken sollen, will ich es unternehmen, obgleich es ein unangenehmes Geschäfte für mich ist.

Lucina. Kommen sie herein: ich will es versiegeln damit sie sicher behaupten können, daß sie von dem Innhalt nichts wissen. Kommen sie, meine getreue Intrigue. Glauben sie mir, ich hasse und verachte die Männer, und von dieser Stunde an soll keine andre Leidenschaft, als unsre Freundschaft in meinem Herzen Platz finden.

Dritter Auftritt.

(Ein Wirthshaus)

Tausendlieb. Herzstärk.

Tausendlieb. Jetzt, mein lieber George, habe ich doch wohl ihre Eifersucht gestillt?

Herzstärk. Könnten sie nur eben so gut ihr Verfahren gegen diese junge Dame, die Klarinda, rechtfertigen!

Tausendlieb. Sagen sie, was soll ich thun?

Herz-

Der Hochzeitstag.

Herzstärk. Um aufrichtig zu seyn, nicht das, was du schon gethan hast. Das ist nunmehr vorbei; alle Genugthuung, die du geben kannst, ist, daß du sie nicht weiter siehst!

Tausendlieb. Das würde eine schöne Genugthuung seyn! vielleicht würde sie ihnen auch nicht dafür danken, daß sie mir diesen Rath gegeben hätten.

Herzstärk. Sie wohl nicht; aber ihr Mann würde es gewiß thun.

Tausendlieb. Ihr Mann? Hol' der Teufel den alten Schurken! solch einen Hahnrey zu scheren und zu plagen, ist halb so viel Vergnügen, als einen zu machen.

Herzstärk. Was meinst du denn für ein besonders Privilegium zu haben, die Glückseligkeit eines andern anzufallen und zu zerstören? Die Schande trift zwar zuerst den Mann, aber sie bleibt nicht immer da stehen. Die Frau leidet auch darunter, und wird oft in den Untergang des Galans mit verwickelt. Derjenige, der am meisten verdiente der Schande ausgesetzt zu werden, ist der einzige der ihr entgeht.

J   Tau-

Tausendlieb. Zum Henker! Du wirst doch kein Heuchler werden, wie ich hoffe? Du wirst doch nicht nach deiner Lehre leben wollen?

Herzstärk. Vielleicht übe ich das nicht aus, was ich lehre: allein ich will durch meine Sünden so wenig, als möglich ist, andern Schaden zufügen. In diesem Stücke kann ich meine Hand aufs Herz legen, und schwören, daß ich nie ein Mädchen zu ihrem Verderben, noch eine verheyrathete Frau zu dem Verderben ihres Mannes verführt habe. Ja, ich kenne dich und weis, du bist ein so gut gesinnter, ehrlicher Kerl, daß alles, was du von dieser Art begehst, blos daher entspringt, weil du die Folgen deiner Handlungen nicht überlegest; und wenn irgend ein Mädchen dir sein Verderben beizumessen hat, so hast du es der Gewohnheit beizumessen.

Tausendlieb. Dem ist wirklich so, wenn man ernsthaft nachdenkt —

Herzstärk. Und warum sollte man das nicht thun? Die Gewohnheit kann den Menschen in viele Irrthümer leiten, aber sie rechtfertiget keinen; auch sind ihre Gesetze nicht weniger un-

ungereimt und ungerecht, als die, welche sich auf den Umgang zwischen beiden Geschlechtern beziehen; denn was ist lächerlicher, als daß es für eine Frau schändlich seyn soll, das zu gestehen, worum wir mit Ehren bitten können, ja, wozu wir ihnen Fallstricke legen, und sie fast dazu zwingen. Ist es nicht höchst ungerecht den Namen Hure für schädlich, und Hurenjäger für ruhmvoll zu halten; da doch im Gegentheil kein schädlicherer Karakter auf der Welt ist, als ein öffentlicher Verführer der Mädchen.

Tausendlieb. Schweig, lieber George, du erschütterst meine Seele.

Herzstärk. Ich schweige, und bin froh, daß du fühlen kannst; ein gewisses Zeichen, daß noch Hofnung zur Besserung da ist.

Tausendlieb. Ja, ich kann fühlen, und fühle nur zu sehr, daß ich unrecht gegen ein Mädchen gehandelt habe, das keinen andern Fehler hat, als daß es mich gar zu närrisch liebt. Zum Henker! du hast einen Teufel in mir erweckt, der sie genugsam rächen wird. O! Freund, wie habe ich so barbarisch handeln können, ohne es zu wissen, wie habe ich ihr so viel Unrecht anthun können, ohne es bis diesen Augenblick einzusehen, da es zu spät ist, es ihr wieder zu ersetzen.

Herzstärk. Entschliesse dich nur, sie nicht wieder zu sehen, das ist alles, was in deinem Vermögen ist.

Tausendlieb. Ich bin dazu entschlossen, und wünschte mehr thun zu können.

Vierter Auftritt.

Mad. Nützlich. Die Vorigen.

Mad. Nützlich. O! Tausendlieb, O!

Tausendlieb. Was giebt's?

Mad. Nützlich. O! ich sterbe, ich bin tod.

Herzstärk. Besoffen, wie ich glaube. Was soll das bedeuten?

Mad. Nützlich. Ein Glas Wein, ich bin ganz ausser Athem!

Tausendlieb. Hilf! Herzstärk, hilf!

Mad. Nützlich. Ich komme wieder zu mir; noch ein Glas!

Der Hochzeitstag. 133

Herzstärk. Sie dürfen sich über ihren Athem nicht beklagen; sie trinken ja zwey Gläser in einem Athem.

Mad. Nützlich. O! itzt komme ich wieder ein wenig zu mir selbst, o! ich habe herrliche Nachrichten für sie: Klarinda ist noch immer gefährlich krank, und ihr Mann — doch husch! — Ich vergesse, daß wir nicht allein sind.

Herzstärk. O, Madame, ich will sie allein lassen.

(Er entfernet sich ein wenig)

Mad. Nützlich. Ihr Mann hat mich geschickt, sie zu seiner Frau zu bringen.

Tausendlieb. Er hat zu spat geschickt, denn ich bin entschlossen, sie nicht mehr zu sehen.

Mad. Nützlich. Was wollen sie damit sagen?

Tausendlieb. Im ganzen Ernst —

Mad. Nützlich. Sie wollen sie niemal wieder sehen?

Tausendlieb. Niemal.

Mad. Nützlich. Sie wollen sie nicht mehr sehen?

Tausendlieb. (hitzig) Nein; ich sehe das als die einzige Genugthuung an, die ich ihr möglicher Weise geben kann.

Mad. Nützlich. So, so; wenn das die einzige Genugthuung ist, die sie ihr geben können, so sind sie ein allerliebster Kerl. Aber das ist alles falsch, sieht ihrem Karakter gar nicht ähnlich. Wenn ich gewußt hätte, daß sie so ein Mann wären, der Teufel hätte sie holen sollen, ehe ich mich um ihre Sachen bekümmert hätte.

Tausendlieb. Mein Herz wirft mir keine schlechtere Handlung meines Lebens vor, als mein Verfahren gegen Klarinda: ich wollte alles thun, um es wieder gut zu machen.

Mad. Nützlich. Hätte ihr Herz ihnen denn nicht diesen Vorwurf machen können, ehe sie mich an dem Betrug Theil nehmen liessen?

Tausendlieb. An welchen Betrug?

Mad. Nützlich. Herr, kann sie denn ärger angeführt, betrogen werden? Glauben sie denn, daß sie nichts von ihnen erwartet?

Tausendlieb. Was sie von mir erwartet, das wird ihr Mann erfüllen.

Mad.

Der Hochzeitstag.

Mad. Nützlich. Ihr Mann, Herr, will nichts, kann nichts erfüllen —

Tausendlieb. Ich bin itzt nicht zum Scherz aufgelegt.

Mad. Nützlich. Ich auch nicht, aber sie kommen mir doch so vor. Was würden sie von einem Manne sagen, der nach Indien segelte, und beym Anblick des gewünschten Havens wieder umkehrte, ohne an's Ufer zu landen? Segelt sie nicht mehrere Jahre in den Armen ihrer Geliebten, und itzt, da sie selbige öffnet, versagen sie — Was! haben sie nur um sie gebuhlt, um ihr den Korb zu geben? — Zur Zeit, da sie wartet, wünschet, schmachtet —

Tausendlieb. Denken sie, daß sie das wirklich thue?

Mad. Nützlich. Was hätte sie sonst bewegen sollen, diesen ganzen Handel anzustellen? Sie stellt sich krank, damit sie als ihr Arzt zu ihr kommen können. Doch sie möchten gerne den Arzt bey ihr spielen und sie wirklich krank machen.

Tausendlieb. Wenn ich das dächte —

Mad.

Mad. Nützlich. Was können sie anders denken? Kann ein Frauenzimmer in der Welt etwas so sehr schmerzen, als wenn man ihr den Korb giebt?

Tausendlieb. Den Korb? was? ihr, die ihre unvergleichliche Schönheit meinen Armen überläßt? O! der müßte nicht von Fleisch und Blut seyn, der das thun könnte. Du theures Weib! glaubst du denn, daß sie einwilligen wird? Glaubst du meine Glückseligkeit sey so nahe?

Mad. Nützlich. Ich weiß, daß es so kommen muß, aber —

Tausendlieb. Aber was?

Mad. Nützlich. Aber, sie thäten doch besser, wenn sie das Vergangene wieder gut machten, und sie nicht wieder besuchten.

Tausendlieb. Wieder gut machen? Ja, das will ich. Alles was Liebe, entzückende, heisse, wonnevolle, rasende Liebe geben kann. Herzstärk, entschuldigen sie mich, Geschäfte von der äussersten Wichtigkeit rufen mich hinweg.

Herzstärk. Ihre Gesellschaft verräth mir ihre Geschäfte.

Tau=

Der Hochzeltstag.

Tausendlieb. Komm, meine theure Nütz̧lich, bringe mich schnell, wie meine Wünsche, zu meinem Elisium. Schaffe mir Klarinda — und dann —

(Tausendlieb und Nützlich gehen ab.)

Herzstärk. Da haben wir ein Beyspiel von dem großen Vermögen unsrer Vernunft über unsre Leidenschaften. Doch warum suche ich anderswo Beyspiele, da ich ein so großes in meiner eignen Brust fühle? Herrschte da die Vernunft, ich würde längst den kleinen Tyrannen daraus verjagt haben, der solche Verwüstung anrichtet. Wozu dient denn die Vernunft? Ha, sie dient, wie ein Fenster einem Gefangenen, um ihm die Schrecken seines Kerkers zu zeigen, leihet ihm aber keine Hülfe zur Befreyung.

Fünfter Auftritt.

(Standhaft's Haus)

Klarinda. Charlotte.

Klarinda. O, Charlotte, lassen sie sich kein Zürnen und Drohen verleiten, eine Person zu nehmen, die sie verachten. Nichts als

der

der Tod löset die Bande des Ehestandes auf; wäre die Welt mein, ich würde sie geben, um den meinigen wieder aufzulösen.

Charlotte. Sie sehen, Klarinda, es ist leichter Rath zu geben, als anzunehmen.

Klarinda. Sie sind nicht in meiner Lage. Denken sie, meine liebe Charlotte, denken sie nur an die Gefahr, in der ich war, den täglichen Zumuthungen eines Mannes ausgesetzt, der einen so großen Freund in meiner Brust hatte. Mein kleines Vermögen war erschöpft. Ich, eine freund- und hülflose Wayse. Der Mann, den ich liebte, mit dem ich zum wenigsten gerne die Armuth getheilet hätte, versagte mir eine ehrliche Theilnehmung seines Bettes! Was würde Charlotte da gethan haben? Würde sie einem reichen, einem ehrenvollen Liebhaber ihre Hand versagt haben?

Charlotte. Hm! ich weiß wirklich nicht, was ich würde gethan haben. Behüte mich der Himmel vor so einer Lage! Ich hätte den Alten nicht genommen, das ist gewiß.

Kla-

Der Hochzeitstag.

Klarinda. O! liebe Charlotte, laſſen ſie ſich nie in der Welt durch etwas verleiten, die Pfade der Ehre zu verlaſſen.

Charlotte. Und doch, liebe Klarinda, können ſie ſich krank ſtellen, um ihren Liebhaber zu ſehen. Sagen ſie mir doch, wie ſteht's dann mit der Ehre meiner Frau, wenn ſie ſich krank ſtellt, um ihren Liebhaber zu ſich kommen zu laſſen?

Klarinda. O, Charlotte! ſie thun mir Unrecht. Der Schrecken vor ihres Vaters Bette macht, daß ich dieſe Krankheit vorſchütze, die bald wirklich werden wird. Den Tauſendlieb will ich nie wieder ſehen.

Charlotte. Ich habe doch wahrhaftig geſehen, daß Mad. Nützlich auf meines Vaters Befehl eine Sänfte nahm, um ihn als ihren Arzt herzuholen.

Klarinda. Ich erſtaune! O, das gottloſe Weib! das die erſte Urſache von allem meinem Unglück iſt, und die mich hartnäckigt bis auf den letzten Augenblick verfolgt.

Charlotte. Sie hat etwas, das mir nicht gefällt; ich habe mich oft wundern müſſen, daß

daß sie ihr so viele Freyheiten gestattet haben.

Klarinda. O, Charlotte, wie leicht ist es der Unverschämtheit in betrübten Umständen Meisterinn über uns zu werden? Dieses Weib, von der ich itzt mit ihnen gleiche Meynung hege, kann äusserlich die Heilige machen, und inwendig ein Teufel seyn. Wie konnte sich ein unwissendes Mädchen von zwanzig Jahren gegen diese in allen Ränken erfahrne Alte vertheidigen? O! ich danke dem Himmel, daß ich noch so gut davon gekommen bin; es hätte einen schlechteren Ausgang nehmen können.

Charlotte. Wohl, meine geehrteste Frau Schwiegermutter, wenn ihre Schwiegertochter sich erkühnen darf, ihnen einen Rath zu ertheilen, so begnügen sie sich mit der Ehre, die sie bereits erlangt haben; denn sollten sie in noch einer Schlacht den kürzeren ziehen, so sind alle ihre vorigen Eroberungen verlohren; doch stille! — stille! setzen sie sich geschwinde in ihren Stuhl, mein Vater kömmt herauf.

Der Hochzeitstag.

Sechster Auftritt.

Standhaft. Die Vorigen.

Standhaft. Nun, wie befindest du dich?

Charlotte. Meine Mutter ist sehr krank, Papa.

Standhaft. Ich fragte dich nicht. Wie befindest du dich, mein Kind?

Charlotte. Oh!

Standhaft. O! das ist der trostreichste Hochzeitstag, der je erlebt worden ist. Nun der Doktor wird gleich hier seyn.

Charlotte. Papa, das letzte Wort, das meine Mama sagte, war, sie wollte keinen Doctor haben.

Standhaft. So? allein, das letzte Wort, das ich sage, ist, daß sie einen haben soll.

Klarinda. O! keinen Doctor — keinen Doctor.

(Madame Nützlich und Tausendlieb kommen herein.)

Madame Nützlich. Herr, hier ist der Doctor.

Standhaft. Das ist mir lieb; meine Frau ist sehr krank, Herr. Ein Arzt sollte mehr eilen.

Tausendlieb. Geben sie mir ihre Hand, Madame, wenn sie belieben.

Standhaft. Wie befindest du dich, mein Kind?

Klarinda. Oh!

Standhaft Das ist alles, was ich aus ihr heraus bringen können; sie ist so krank, sie kann nicht einmal sagen, wie sie sich befindet.

Mad. Nützlich. (bey seite) Ein wahrer Arzt, bey meiner Treue! er fühlt in der flachen Hand nach dem Puls.

Standhaft. Wie finden sie sie, Herr Doctor?

Tausendlieb. In der That, mein Herr, ich wünsche nur, daß nicht mehr Gefahr vorhanden seyn möge, als man sich einbildet.

Standhaft. Die Welt soll nicht sagen, daß meine Frau aus Mangel an Hülfe gestorben sey. Ich will nach einem andern Doctor schicken.

Der Hochzeltstag.

Tausendlieb. Das ist nicht nöthig — ich darf meiner Kunst trauen.

Standhaft. Ich bin entschlossen.

Mad. Nützlich. Kommen sie, Madame, wir wollen den Doctor bey seiner Patientinn lassen.

Siebender Auftritt.

Klarinda. Tausendlieb.

Tausendlieb. O rede zu mir, Klarinda — flispere meiner Seele etwas zärtliches zu — oder ich sterbe noch vor dir.

Klarinda. Du hast mich zu Grunde gerichtet, Tausendlieb.

Tausendlieb. Denn hab' ich mich selbst zu Grunde gerichtet — mich selbst! — was ist das gegen jenes, sie zu Grunde gerichtet zu haben? O, ich könnte Jahrhunderte in Todesangst liegen, um dich zu erhalten. Meine Theure! meine einzige Liebe! zu spat sehe ich die Thorheiten meines Lebens: ich sehe die unglücklichen Folgen meiner zügellosen, unrechtmäßigen Leidenschaft.

Kla=

Klarinda. O, wären deine Augen nur gestern noch geöfnet worden! heute ist es zu spat.

Tausendlieb. Zu spat! ich will den Zeiger der Zeit zurück drehen. O, denke nicht, es sey zu spat! O, könntest du nur wieder genesen, deine Heyrath könnte nicht, sollte uns nicht hindern glücklich zu seyn.

Klarinda. Leider! meine Krankheit ist nur ein armseliger Vorwand dich noch einmal wieder zu sehen, um dir das letzte Lebewohl zu sagen.

Tausendlieb. O, Sanftmuth eines Engels! du Quelle ewiger Wonne; von mir den letzten Abschied zu nehmen! Dann will ich vom Leben Abschied nehmen, Klarinda! ich mag ohne dich kein Leben. Der Himmel sey mein Zeuge, könnte ich nur den glückseligen gestrigen Tag zurück rufen, ich würde das Anerbieten deiner tugendhaften Liebe nicht um eine Welt voll Schönhet und Reichthum fahren lassen. O, Thor, der ich bin! wie habe ich solche Wonne so lange geringe schätzen können, bis sie mir entrissen ward. Doch, da wir nicht mehr seyn können, was wir wünschen, laß uns das seyn, was wir noch können.

Kla-

Der Hochzeitstag.

Klarinda. Nein, Tausendlieb, nie mit dem Verlust meiner Ehre. Ich will lieber mein Leben verlieren. Ja, was ich noch höher schätze, ich will lieber dich verlieren, als dem Abgott meiner Seele, der Ehre entsagen.

Achter Auftritt.

Charlotte. Nützlich. Standhaft. Doctor Crisis.

Nützlich. Geschwinde auf euren Posten!

Standhaft. (führt den Doctor Crisis herein) Herr Doctor, hier ist ihre Patientinn: der Himmel leite ihr Urtheil.

Crisis. Herr, Herr, hören sie; wer ist der da? ich sahe, daß er ihren Puls fühlte.

Standhaft. Das ist ein Herr Kollega von ihnen.

Crisis. Wie nennt er sich?

Standhaft. Herr Doctor, der Herr Doctor Crisis möchte gerne ihren Namen wissen.

Tausendlieb. Meinen Namen, mein Name, mein Name — ist — Gerstenschleim.

K Crisis.

Crisis. Gerstenschleim? Ich kenne ihn nicht; habe auch seinen Namen nie im Kollegium gehört. Gewiß, ein Quacksalber, mein Herr, ich bin ihr Diener.

Standhaft. Warten sie, warten sie, lieber Herr Doctor.

Crisis. Ich halte mit Quacksalbern kein Consilium; ich habe nicht so lange die Arzneykunst studiert um Consilium mit Quacksalbern zu halten. Warum haben wir ein Kollegium von Aerzten, wenn wir Quacksalber zu Patienten rufen müssen?

Standhaft. Um des Himmels willen, Herr Doctor, meine Frau wird sterben.

Crisis. Da kann ich nicht helfen, und wenn die halbe Welt sterben müßte; wenn sie den Mann da nicht aus dem Zimmer schicken, so rühre ich nichts an. Dazu bin ich entschlossen.

Standhaft. So! wenn's dazu kömmt Herr, so bin ich entschlossen, daß er nicht aus dem Zimmer gesandt werden soll. Ich wollte ihn nicht aus dem Zimmer senden, und wenn ich das Leben meiner Frau dadurch retten könnte. Nein, nicht um mein eignes Leben zu retten.

Itzt wollen wir sehen, wer seinen Entschluß zu erst bricht; Sie den ihrigen, oder ich den meinigen? Entschlossen sind sie? Zum Henker!

Crisis. Johann, meine Kutsche, komm fort — mit einem Quacksalber Consilium halten?

Standhaft. Herr Doctor, geben sie mir die Gebühr, mein Geld wieder.

Crisis. Ihr gehorsamer Diener.

(geht ab)

Tausendlieb. Wir werden hoffentlich seinen Rath nicht nöthig haben. Seit einigen Minuten hat die Krankheit die Crisis paßirt. Vielleicht gebe ich ihnen bald die fröliche Nachricht, daß ihre Frau auffer Gefahr ist. Itzt aber muß sie sich zu Bette legen, ich will dann kommen und sehen, wie es geht.

(Ein Bedienter redet leise mit dem Standhaft)

Standhaft. Herr Doctor, sie werden mich einige Augenblicke entschuldigen; eine Dame wartet drunten auf mich.

(geht ab)

Tausendlieb. Geschwinde, Wartfrau, ihr müßt die Kranke zu Bette bringen, hernach will ich sie wieder besuchen.

Klarinda. Nein, nein, Tausendlieb. Von dieser Stunde an, will ich dein Gesicht nie wieder sehen, dein Gesicht, die unglückliche Ursache von all meinem Elend.

Tausendlieb. Barbarinn! kann ich wissentlich die Ursache eines einzigen deiner Unglücksfälle seyn, ich, der ich die Welt nicht haben möchte, wenn sie dir einen Seufzer kostete?

Klarinda. Deine Gegenwart ist meiner Ehre gefährlich; von nun an will ich dich fliehen, wie die Pest. Fahre wohl — und denke, du habest eine Geliebte verloren, die dich blos aus Zärtlichkeit nicht ferner sehen dürfte.

(geht ab)

Tausendlieb. O, Todesangst! o, Klarinda!

Nützlich. Ha, ha, ha! — daß doch je ein Mann, der die Weiber so kennt, wie Tausendlieb, noch an dem Sieg verzweifeln sollte, wenn er ihn schon so gut, als in den Händen hat.

Tausendlieb. Zum Henker; sagte sie denn nicht, daß sie mich nie wieder sehen wollte?

Nütz-

Der Hochzeitstag.

Nützlich. Wohl; und hat sie das nicht hundertmal gesagt, und sie hernach doch eben so oft wieder gesehen? Sagte sie nicht, sie dürfte sie nicht mehr sehen? Die Weiber sind alle feige; sie getrauen sich nicht etwas zu thun, ohne daß sie dazu gezwungen werden. Ich sage ihnen, sie wünschet sie, sie seufzet nach ihnen. Ehre und Liebe streiten in ihrer Brust; stehen sie dem jungen Herrn Cupido bey, so wette ich hundert gegen eins, er behält die Oberhand.

Tausendlieb. Stille mit dem Gewäsche! Du hast uns beyde in's Verderben geleitet; beym Himmel, ich will mich an dir rächen: ich will deine Schande aller Welt blos stellen, wie sie es verdienet, bis jedes elende Mädchen dir fluche, jede ehrliche Frau dich verachte, und jeder Bube, der dich sieht, mit Hohngelächter durch die Welt jage.

Nützlich. Ist dies meine Belohnung?

Tausendlieb. Belohnung? Gericht und Gesetze haben keine, die deinen Verdiensten angemessen ist. Du bist ein weit schädlicheres Thier, als eine Schlange. Der Mann oder das Weib, das eine von deinem abscheulichen

Charakter in sein Haus, oder in seine Bekanntschaft aufnimmt, handelt thörichter, als der, welcher eine Schlange in seinem Busen nährt. Ein öffentliches Merkmal der Schande sollte jeder deines gleichen angehängt werden, damit man euch als der Pest ausweichen könnte. Komm mir nie wieder vors Gesicht. Sehe ich dich, ich werde die Würde meines Geschlechts herab setzen, und dich strafen. O, Klarinda, ich werde dich noch immer verfolgen. Kannst du nicht die Meinige seyn, so will ich mein Leben zu deinen Füßen lassen.

(geht ab)

Mad. Nützlich. Alles sehr schön, in Wahrheit — Hier habe ich vor itzt wohl weiter nichts zu thun. Sollte ich noch ein Paarmal so aufgemuntert werden, so gerathe ich in Versuchung mein Handwerk aufzugeben, und eine ehrliche Frau zu werden. (ab)

Neunter Auftritt.

Standhaft. Intrigue.

Standhaft. Ein sehr artiger, vernünftiger Herr, in Wahrheit. Konnte er sich denn

nich

nicht mit einer Frau begnügen? Muß er meine Frau und auch meine Tochter haben? Will er meine ganze Familie? Madame, ich weis nicht, wie ich ihnen meine Dankbarkeit zu erkennen geben soll, daß sie so viel Antheil an der Ehre meines Hauses genommen haben.

Intrigue. Können sie denn in diesen Gesichtszügen gar nichts finden, das ihnen eine Ursache an die Hand giebt, zu muthmaffen, woher der Antheil entspringt? Schauen sie mich mit unverwandten Augen an, und sagen sie, ob sie kein Zeichen in diesen Zügen sehen, das ihnen einst bekannt war.

Standhaft. In der Stimme ist etwas, das —

Intrigue. Vormals war diese Musik in ihren Ohren, wenn sie je der Kleomela wahr geredet haben.

Standhaft. Kleomela?

Intrigue. Ist denn etwas scheußliches in diesem Namen? Die Jahre haben hier keine Furchen hinterlassen, obschon sie dies unglückliche Gesicht verändert haben. Ist die Erinnerung

nerung vergangener Freuden noch süß, so muß es auch der Name Kleomela seyn.

Standhaft. Ich bin so im Erstaunen vertieft, kaum habe ich noch Verstand genug übrig, mich ihrer zu erinnern.

Intrigue. Erschrecken sie nicht: ich bin nicht gesonnen ihnen Vorwürfe zu machen: noch mein erlittenes Unrecht und ihre Meyneide in ihre Ohren zu donnern.

Standhaft. Sie wissen, daß sie dazu nicht berechtiget sind; es war ihr Fehler, daß ich mein Versprechen nicht erfüllen konnte. Hätten sie ihre Religion verändern wollen, so wär ich völlig entschlossen sie zu heyrathen. Sie wissen, daß ich auch das Gegentheil beschlossen hatte, falls sie bey ihrer Religion beharreten: und so fiel es aus. Sie blieben bey ihrer Religion, und ich bey meinem Entschluß.

Intrigue. Wie leicht finden doch die Männer Ausflüchte, um das zu vermeiden, was ihnen mißfällt! doch das ist vorbey, und ich komme nicht die Erfüllung ihres Versprechens zu fordern.

Stand-

Standhaft. Nein, dafür hat der Himmel gesorgt, daß das nicht in meinem Vermögen ist, wie sie aus diesem Brief schon werden gesehen haben.

Intrigue. Ich versichere sie, daß ich nicht das geringste von dem Inhalte dieses Briefes weiß.

Standhaft. Nichts? — So lesen sie ihn, denn ich will kein Geheimniß daraus machen. (Intrigue nimmt den Brief, liest und zeigt viel Erstaunen.)

Zehnter Auftritt.

Tausendlieb. Die Vorigen.

Tausendlieb. O! Herr, ich habe die unglücklichste Nachricht!

Standhaft. Was giebt's?

Tausendlieb. Ihre Frau hat wieder den heftigsten Anfall der Raserey: sie wird wohl nie wieder die Sprache erlangen.

Standhaft. Sie hat keine vonnöthen. Sie hat Hände zum Schreiben: und wenn auch die abgehauen wären, so würde sie doch Mittel

tel finden ihre Gedanken zu eröfnen. Sie würde gewiß so seltsame Methoden erfinden ihr lüderliches Gemüthe an den Tag zu legen, wie die Lavinia erfand, um ihr Unbild zu entdecken.

Tausendlieb. Zum Teufel! was ist das? Ihre Frau hat sie mit der Tollheit angesteckt.

Standhaft. Ja, meine Frau hat mich in der That angesteckt: hier bricht es aus. (zeigt auf seine Stirne)

Tausendlieb. Was kann das alles bedeuten? Herr, was ich sehe, thut mir sehr leid; — dies ist keine gemeine Krankheit.

Standhaft. Nicht! Ich dächte, die Hahnreyschaft wäre die Hauptkrankheit im Königreiche.

Eilfter Auftritt.

Der alte Wandel. Die Vorigen.

Alter Wandel Herr Standhaft, es thut mir sehr leid, daß ihre Frau sich nicht wohl befindet.

Standhaft. Das mag wohl seyn; denn sie und mich wird wohl ein und der nemliche Anlaß nie betrüben.

Alter

Der Hochzeitstag.

Alter Wandel. Nein, er ist es nicht, — ja, er ist es — es ist unmöglich — beym Teufel, es ist der nemliche, mein theurer Lord Wahrlieb, ich bin ihr ganz unterthänigster Diener.

Standhaft. Mylord Wahrlieb?

Alter Wandel. Ja, Herr, dies ist der würdige Lord, an dessen Schwester ich meinen Sohn verheyrathen sollte: doch zu gutem Glücke fand ich, daß Mylord Wahrlieb kein Lord, sondern ein gewisser junger Wildfang, ein Herumtreiber war, der sich den Namen Tausendlieb beylegt.

Standhaft. Was höre ich da?

Tausendlieb. Ja, so ist es; das Haus ist angesteckt: jedermann wird närrisch, der hinein kömmt.

Alter Wandel. Närrisch! du junger Spitzbube hast einen Narren aus mir gemacht: ich danke.

Standhaft. Ich bin ein rechter Erznarr, wenn der Doktor Gerstenschleim ein Betrüger ist.

Intrigue. Herr Tausendlieb!

Tau-

Tausendlieb. Itzt ist es umsonst zu streiten — — es gehört weniger Unverschämtheit dazu, alles zu bekennen, als es zu läugnen. Theure Madame Intrigue! (Intrigue und Tausendlieb reden miteinander, bey se-te und gehen hinaus)

Alter Wandel. Lieber Herr Standhaft, wir wollen itzt die Hochzeit nicht länger mehr verschieben, wenn es ihnen gefällig ist.

Standhaft. Herr, ich verabscheue den Namen, Hochzeit.

Alter Wandel. Zum Henker! sie werden doch nicht ihre Entschließung brechen!

Standhaft. Herr, ich werde mein Herz brechen. Ein Mann, der verheyrathet ist, kann alles seyn, nur nicht glücklich.

Alter Wandel. Ba, ba! ich bereue das Vergangene, ich will sie meine Reue sehen lassen, ich will es ganz ausser meinem Vermögen setzen, sie künftig wieder zu beleidigen. — Warum wollen sie es aufschieben? — Lassen sie uns diesen Abend die Hochzeit halten —

Standhaft. Wann es ihnen gefällt —

Alter Wandel. Wann ihre Tochter bereit ist, mein Sohn ist es.

Standhaft. Ich habe keine Tochter, Herr.

Alter Wandel. Ha, ha, ha! sie sind doch ein lustiger Mann!

Standhaft. Ihr Herrn, hört, wenn einer von euch meine Frau nehmen will, so soll der andre meine Tochter haben.

(Tausendlieb tritt herein)

Tausendlieb. O! ich bringe die glücklichste Nachricht. Ihre Frau hat sich, bey dem Anblick der Madame Intrigue, wie durch ein Wunderwerk in einem Augenblick wieder erholt. Ihre Krankheit hat sie gänzlich verlassen.

Standhaft. Mir hängt meine Krankheit noch am Halse.

Tausendlieb. Fassen sie Muth, ich will ihnen gewiß auch davon helfen. Was quält sie?

Standhaft. Was sie nunmehro auch schon quälen wird — meine Frau.

Tausendlieb. Ist das alles?

Standhaft. Diese Beschimpfung, Herr, ist schlimmer als ihre erste Beleidigung: allein die Gesetze sollen mir für beyde Genugthuung verschaffen.

Tausendlieb. Hier kommt jemand, die eine bessere Freundinn von ihnen ist, als die Gesetze. Wenn ihre Frau ihre ganze Krankheit ist, so wird sie das thun, was die Gesetze selten thun: sie wird ihre Heyrath wieder auflösen. Ich weiß nicht wie sehr es sie kränken mag, daß sie meine Geliebte geheyrathet haben, aber das weis ich, daß es sie recht sehr kränken wird, wenn sie hören, daß sie ihre eigne Tochter geheyrathet haben.

Zwölfter Auftritt.

Klarinda. Charlotte. Herzstärk.
Die Vorigen.

Intrigue. Erschrecken sie nicht über das Wort, danken sie vielmehr der wachsamen Sorge des Himmels, die mich heute hieher gesandt, gerade da sie am Rande des Verderbens waren, ihrem Fall zuvor zu kommen — Oh! mit einer Freude, die sich für einen so glückvollen Anlaß schickt, empfangen sie ihre Tochter in ihre Arme.

Klarinda. Mein Vater, ich — bin entschlossen ihnen diesen Namen zu geben —

Stand-

Der Hochzeitstag.

Standhaft. Nennen sie mich, wie sie wollen, nur nicht Mann.

Intrigue. Sie ist wirklich ihre Tochter — das Pfand unsrer Liebe — die Zeuginn ihrer Treulosigkeit und meiner Schande, welche jenes gottlose Weib aus dem Kloster verführt hat, wo ich sie sicher aufgehoben glaubte.

Klarinda. Mein Vater, ich bitte kniend um ihren Segen, und werde nicht eher aufstehen bis sie mir ihn ertheilen.

Standhaft. Da hast du ihn, mein Kind — sey versichert, kein Vater gab ihn je mit mehr Freude. Dies ist in der That eine glückliche Entdeckung, ich finde meine Tochter und verliere meine Frau.

Intrigue. Mein Kind, laß mich dich noch einmal umarmen. Dies ist in der That Glückseligkeit!

Alter Wandel. Was! haben sie mehr als eine Tochter, Herr Standhaft?

Standhaft. Wie sie sehen.

Alter Wandel. O, so nehmen sie mir es nicht übel, wenn ich alle fernere Unterhandlung zwischen uns abbreche.

Der Hochzeitstag.

Standhaft. Herr, ich wollte keine von meinen Töchtern in ihre Familie heyrathen lassen, wenn sie auch noch zehnmal so viel Vermögen hätten. Itzt wissen sie meinen Entschluß. Durch solch eine Parthie würde ich Großvater von lauter Wetterhahnen werden.

Alter Wandel. Sehr wohl, mein Herr, sehr wohl — es ist kein Unglück dabey — mein Sohn ist in Statu quo, und ein so schöner seiner Herr, als er von jeher war.

Herzstärk. Itzt mein Herr sind sie ihres Versprechens wieder entlassen worden. Erlauben sie, daß ich ihnen noch einmal meine Wünsche vortrage, besonders da noch eine Schwester das Vermögen der Charlotte theilt, vielleicht scheine ich itzt in ihren Augen würdiger, ihre Tochter —

Standhaft. Hier Charlotte, nimm sie — nimm sie —

Charlotte. Erinnern sie sich, mein Herr, ich sagte immer, daß ich meinem Vater gehorchen würde; allein ich hoffe, sie werden nicht erwarten, daß ich auch meinem Manne gehorche.

Der Hochzeitstag.

Herzstärk. Wenn ich je mehr Gehorsam von ihnen fordre, als sie zu leisten willens sind, so strafen sie mich durch Widerspruch und Empörung.

Charlotte. Gut, so viele Beständigkeit habe ich nicht verdient: ich will sie aber gewiß bezahlen, wenn ich nur so viel Dankbarkeit zusammen bringen kann; denn ich mag nichts schuldig bleiben.

Tausendlieb. Mein Herr, sie versprachen mir heute, sie wollten mir alles geben, was ich begehrte, wenn ich den Verstand ihrer Frau wieder herstellte.

Standhaft. Ja, Herr, ja; sie sollen sie haben, noch ehe sie sie begehren; da ist sie. Sie hat ihnen ihr Herz gegeben, und ich gebe ihnen das übrige von ihr. Dem Himmel sey Dank, ich habe sie beyde glücklich vom Halse gebracht. Warten sie, hier ist noch ein Weibsbild, will niemand diese haben, und mein Haus davon befreyen? Denn so lange noch ein einziges Weib im Hause ist, kann man seine Entschließung unmöglich halten.

Tausendlieb. Meine Klarinda! O, entzückende Wonne!

Klarinda. Mein Tausendlieb, mein ewig Geliebter!

Tausendlieb. Herzstärk, deine Hand! Ich bin itzt der glücklichste der Menschen. Ich stand im Begrif ein unschätzbares Kleinod zu verlieren, und erhalte es itzt auf ewig wieder. O, meine Klarinda! meine vergangene Thorheiten können uns beyden, durch das günstigste Schicksal, zu unsrer künftigen Glückseligkeit dienen. Ich werde aus der Betrachtung, daß ich in der Gefahr gestanden, sie zu verlieren, wozu mich meine wilden Begierden geleitet, doppelte Süßigkeiten ziehen; und sie erlangen dadurch einen zärtlichen und beständigen Mann.

www.ingramcontent.com/pod-product-compliance
Lightning Source LLC
Chambersburg PA
CBHW031452160426
43195CB00010BB/951